YO AMO CROCK POT 2022

RECETAS DELICIOSAS PARA PERDER PESO

HELENA GORRIA

Tabla de contenido

4

Sopa de pescado blanco al estilo de las Bermudas

(Listo en aproximadamente 8 horas | Porciones 6)

Ingredientes

- 2 tazas de jugo de almejas

- 1 taza de agua

- 1/4 taza de vino blanco seco

- 1 ½ tazas de tomates pera, sin escurrir y picados

- 1/3 taza de pasta de tomate

- 2 dientes de ajo machacados

- 1 taza de cebolla finamente picada

- 1 apio picado

- 1 chirivía picada

- 2 corvejones de cerdo ahumados pequeños

- 2 ½ cucharaditas de salsa de soja

- 2 hojas de laurel

- 1 cucharadita de hojas secas de mejorana

- 1/2 cucharadita de curry en polvo

- 1/2 cucharadita de jengibre rallado

- 1 libra de filete de pescado blanco, en cubos

- Sal al gusto

- Pimienta blanca al gusto

- Rodajas de aguacate, como guarnición

Direcciones

1. Combine todos los ingredientes, excepto el pescado, la sal, la pimienta y el aguacate, en su olla de barro.

2. Tape y cocine a fuego lento aproximadamente 8 horas, agregando los filetes de pescado blanco durante los últimos 20 minutos de cocción.

3. Deseche la carne de cerdo, sazone con sal y pimienta blanca; sirva adornado con rodajas de aguacate.

Sopa cremosa de eglefino

(Listo en aproximadamente 8 horas | Porciones 6)

Ingredientes

- 2 tazas de agua
- 1 taza de caldo de pollo
- 1/4 taza de vino blanco seco
- 1 cucharada de vinagre de sidra de manzana
- 2 cucharadas de salsa de tomate
- 3 tomates medianos, picados
- 1 taza de chalotas finamente picadas
- 1 zanahoria picada
- 1 chirivía picada
- 2 ½ cucharaditas de salsa Worcester
- 1 cucharadita de salvia frotada
- 1 cucharadita de hojuelas de perejil seco
- 1/2 cucharadita de nuez moscada molida
- 1 libra de filete de eglefino, cortado en trozos pequeños
- Sal al gusto
- Pimienta blanca al gusto

Direcciones

1. Combine todos los ingredientes, excepto los filetes de pescado, la sal y la pimienta blanca, en una olla de barro.

2. Cocine, tapado, unas 8 horas, agregando pescado durante los últimos 15 minutos.

3. Sazone al gusto con sal y pimienta blanca.

Sopa De Bacalao Y Tomate

(Listo en aproximadamente 8 horas | Porciones 6)

Ingredientes

- 3 tazas de caldo de pescado

- 1/4 taza de vino blanco seco

- 1 taza de pasta de tomate

- 1 taza de cebolletas picadas

- 1 papa dorada Yukon, cortada en cubitos

- 1 zanahoria picada

- 1 chirivía picada

- 1 cucharada de salsa tamari

- 1 cucharadita de salvia frotada

- 1 cucharadita de hojuelas de perejil seco

- 1/4 cucharadita de maza molida, opcional

- 1 libra de filete de bacalao, cortado en trozos pequeños

- Sal al gusto

- Pimienta de Cayena, al gusto

- Perejil fresco, al gusto

Direcciones

1. Combine todos los ingredientes, excepto los filetes de bacalao, la sal, la pimienta de cayena y el perejil, en su olla de barro.

2. Cocine, tapado, de 7 a 8 horas. Agrega los filetes de bacalao, la sal, la pimienta de cayena y el perejil fresco; continúe cocinando 15 minutos más. Sirva caliente.

Sopa de rape con queso y coliflor

(Listo en aproximadamente 8 horas | Porciones 4)

Ingredientes

- 1 lata (14 onzas) de caldo de pollo reducido en sodio

- 1 libra de papas Yukon, peladas y cortadas en cubos

- 1/2 taza de cebollas verdes picadas

- 1 zanahoria grande, picada

- 1/2 cabeza de coliflor, partida en floretes

- 1 libra de rape, en cubos

- Sal al gusto

- Hojuelas de pimiento rojo triturado, al gusto

- 3/4 cucharadita de salsa picante

- 1/2 taza de queso cheddar bajo en grasa, rallado

Direcciones

1. Coloca los primeros cinco ingredientes en tu olla de barro. Pon la olla de barro a fuego lento; cocine unas 8 horas.

2. A continuación, procese la mezcla cocida en un procesador de alimentos hasta alcanzar la consistencia deseada; Regrese a la olla de barro.

3. Agregue los ingredientes restantes, excepto la salsa picante y el queso; continúe cocinando a fuego lento durante 15 minutos más.

4. Agrega la salsa picante y el queso; deje reposar hasta que el queso cheddar se derrita. Sirva tibio oa temperatura ambiente.

Sopa de platija abundante

(Listo en aproximadamente 6 horas | Porciones 4)

Ingredientes

- 2 tazas de jugo de almejas

- 3 papas medianas, peladas en cubos

- 1 taza de floretes de brócoli

- 1 taza de judías verdes

- 1 taza de puerros picados

- 1 zanahoria picada

- 1 rebanada de apio picado

- 1 diente de ajo machacado

- 1/2 cucharadita de hojas secas de mejorana

- 1/4 cucharadita de maza, molida

- 1/4 de cucharadita de mostaza seca

- 2 tazas de leche entera

- 8 onzas de filetes de platija, sin piel y en cubos

- 4 onzas de carne de cangrejo

- Sal de apio al gusto

- 1/4 cucharadita de pimienta blanca

Direcciones

1. En una olla de barro, coloque el jugo de almejas, papas, brócoli, judías verdes, puerros, zanahoria, apio, ajo, mejorana, macis y mostaza seca.

2. Ponga la olla de barro a fuego lento y luego cocine aproximadamente 6 horas.

3. Agregue la leche y continúe cocinando por 30 minutos más. Aumente el fuego a alto; agregue los filetes de lenguado, la carne de cangrejo, la sal de apio y la pimienta blanca durante los últimos 15 minutos de cocción.

4. Dividir en tazones de sopa y servir con picatostes, si lo desea.

Rica sopa de mariscos con tocino

(Listo en aproximadamente 5 horas | Porciones 4)

Ingredientes

- 1 ½ tazas de jugo de almejas

- 1/4 taza de vino de cereza seco

- 4 papas Yukon gold grandes, peladas y cortadas en cubos

- 1 cebolla dulce grande, picada

- 1 rebanada de apio picado

- 1 colinabo, picado

- 1 taza de leche descremada al 2%

- 1 libra de fletán, en cubos

- Unas gotas de salsa tabasco

- 3/4 cucharadita de salvia frotada

- 1 cucharadita de hojuelas de perejil seco

- Sal al gusto

- Pimentón al gusto

- 2 rebanadas de tocino cocido, desmenuzado

Direcciones

1. En primer lugar, ponga los primeros seis ingredientes en su olla de barro.

2. Luego, cocine a fuego alto de 4 a 5 horas. Reemplace la sopa preparada a una licuadora o procesador de alimentos; agregue la leche y licue hasta que todo esté bien combinado; Regrese a la olla de barro.

3. Agregue los ingredientes restantes, excepto el tocino desmenuzado. Continúe cocinando 15 minutos más.

4. Divide la sopa en cuatro platos hondos, esparce el tocino encima y ¡disfrútalo!

Sopa de pescado refrescante con huevos

(Listo en aproximadamente 8 horas | Porciones 6)

Ingredientes

- 2 tazas de agua
- 1 cucharadita de caldo de pollo concentrado
- 2 batatas grandes, cortadas en cubitos y peladas
- 1 taza de zanahoria baby, cortada por la mitad
- 1/2 taza de puerros picados
- 3/4 cucharadita de eneldo seco
- 1/2 cucharadita de hojuelas de pimiento rojo triturado
- 2 tazas de leche reducida en grasa al 2%, cantidad dividida
- 1 ½ libras de filetes de pescado sin piel de su elección, en rodajas
- 1 taza de pepino, sin semillas y picado
- 1 cucharada de jugo de lima
- Sal de apio al gusto
- Cebollino picado, como guarnición
- Rodajas de huevo duro, como guarnición

Direcciones

1. Combine los primeros siete ingredientes en su olla de barro; cocine a fuego lento de 6 a 8 horas.

2. Agregue la leche durante los últimos 30 minutos. Agregue el pescado y el pepino durante los últimos 10 minutos de tiempo de cocción.

3. Agregue jugo de limón y sal de apio y revuelva para combinar.

4. Adorne los tazones de sopa con cebollino y rodajas de huevo duro.

Chile picante de camote

(Listo en aproximadamente 8 horas | Porciones 6)

Ingredientes

- 1 libra de pechuga de pollo, deshuesada y sin piel

- 2 tazas de caldo de pollo

- 1 cucharada de vinagre de sidra de manzana

- 2 tazas de frijoles enlatados, enjuagados y escurridos

- 1 taza de cebolletas picadas

- 2 dientes de ajo picados

- 1 taza de champiñones, rebanados

- 1 zanahoria en rodajas finas

- 2 batatas medianas, peladas y cortadas en cubos

- 3/4 cucharadita de chile jalapeño

- 1 ½ cucharadita de raíz de jengibre

- 1 cucharadita de comino molido

- 1⁄2 cucharadita de cilantro molido

- 1/2 cucharadita de pimienta gorda

- Sal al gusto

- Pimienta negra molida, al gusto

- Crema agria, como guarnición

Direcciones

1. Combine todos los ingredientes, excepto la crema agria, en su olla de barro.

2. Cubra con una tapa y cocine a fuego lento de 6 a 8 horas.

3. Sirve con crema agria y disfruta.

Chile con Pavo y Pimiento Asado

(Listo en aproximadamente 8 horas | Porciones 6)

Ingredientes

- 1 libra de pavo molido

- 1 ½ taza de tomates enlatados, guisados

- 1 lata (15 onzas) de frijoles rojos, enjuagados y escurridos

- 1 chile jalapeño pequeño, picado

- 1 taza de cebolla morada picada

- 1⁄2 taza de pimiento rojo asado, picado grueso

- 1/2 cucharada de chile en polvo

- 1⁄4 de cucharadita de canela molida

- Sal de apio, al gusto

- Pimienta negra al gusto

- Pimentón ahumado al gusto

Direcciones

1. Caliente una sartén antiadherente a fuego medio-alto. Dore el pavo durante unos 5 minutos, desmenuzando con un tenedor. Transfiera la carne molida dorada a la olla de barro.

2. Agrega el resto de ingredientes; cubra con una tapa y cocine a fuego lento aproximadamente 8 horas.

3. Sirva con chips de maíz, si lo desea.

Chile de frijoles negros con calabaza

(Listo en aproximadamente 8 horas | Porciones 6)

Ingredientes

- 1 libra de carne molida
- 2 tazas de jugo de tomate
- 1 taza de salsa de tomate en trozos
- 1 taza de agua
- 1 cucharada de lima
- 1 ½ tazas de frijoles negros enlatados, enjuagados y escurridos
- 2 tazas de cebolletas picadas
- 2 dientes de ajo picados
- 1/2 taza de apio, cortado en cubos
- 2 tazas de calabaza moscada
- 1 taza de calabacín
- 1 taza de champiñones
- 1 chile jalapeño pequeño, finamente picado
- 1 ½ cucharadita de chile en polvo
- 1 sal marina
- 1/4 cucharadita de pimienta negra molida
- 6 rodajas de lima

Direcciones

1. En primer lugar, dore la carne molida en una sartén antiadherente durante unos 8 minutos, desmenuzando con un tenedor. Transfiera a la olla de barro.

2. Agrega el resto de los ingredientes, excepto las rodajas de lima; Ponga la olla de barro a fuego lento y cocine de 6 a 8 horas.

3. Sirva adornado con rodajas de lima.

Pavo y Chili de Frijoles Cannellini

(Listo en aproximadamente 8 horas | Porciones 6)

Ingredientes

- 1 libra de carne molida magra

- 2 tazas de salsa de tomate

- 2 tazas de frijoles cannellini

- 1 taza de cebolletas picadas

- 1 diente de ajo picado

- 1 cucharada de chile en polvo

- 2 cucharaditas de azúcar morena

- 1 cucharadita de semillas de apio

- 1 cucharadita de comino molido

- Sal al gusto

- Pimienta negra molida, al gusto

Direcciones

1. Cocine la carne molida en una sartén de hierro fundido a fuego medio de 8 a 10 minutos o hasta que se dore.

2. Agregue los ingredientes restantes y cocine a fuego lento de 6 a 8 horas.

3. Divida el chile preparado entre seis tazones de sopa y sírvalo caliente con su ensalada favorita.

Chili Fácil de Carne y Cerdo

(Listo en aproximadamente 8 horas | Porciones 6)

Ingredientes

- 1 cucharada de aceite de oliva
- 1 libra de carne molida magra
- 1/2 libra de carne de cerdo molida
- 2 tazas de frijoles pintos, enjuagados y escurridos
- 2 tazas de tomates guisados
- 2 tazas de maíz en grano entero
- 1 taza de puerros picados
- 1⁄2 taza de pimiento rojo picado
- 2 cucharadas de mezcla de condimentos para tacos
- Sal al gusto
- Pimienta negra al gusto
- Pimentón al gusto
- Crema agria reducida en grasa, como guarnición
- Galletas, como guarnición

Direcciones

1. Calentar el aceite de oliva en una cacerola ancha. A continuación, cocine la carne molida de res y cerdo unos 10 minutos. Desmenuza con un tenedor.

2. Agrega el resto de ingredientes, excepto la crema agria y las galletas; cubra y cocine a fuego lento durante aproximadamente 8 horas.

3. Dividir en tazones para servir, servir con crema agria y galletas.

Chile a la italiana

(Listo en aproximadamente 8 horas | Porciones 8)

Ingredientes

- 12 onzas de pavo molido magro

- 3 tazas de agua

- 1 lata (28 onzas) de tomates, triturados

- 1 pimiento rojo cortado en rodajas

- 1 pimiento amarillo, cortado en rodajas

- 1/2 taza de cebolla picada

- 3 dientes de ajo picados

- 1 cucharadita de comino molido

- 2 cucharadas de chile en polvo

- 1 perejil seco

- 2 cucharaditas de hojas secas de orégano

- 1 cucharadita de pimienta gorda

- Sal al gusto

- 1/4 cucharadita de pimienta negra

- 1 libra de espaguetis, cocidos

- Queso cheddar reducido en grasa, rallado

Direcciones

1. En una sartén antiadherente grande, dore el pavo molido a fuego medio, aproximadamente 5 minutos.

2. Combine el pavo con los ingredientes restantes, excepto los espaguetis y el queso Cheddar, en su olla de barro; cocine a fuego lento durante 8 horas.

3. Sirva con espaguetis y queso Cheddar.

Chile favorito de la familia

(Listo en aproximadamente 8 horas | Porciones 8)

Ingredientes

- 1 libra de carne molida

- 1 taza de cebollas picadas

- 1 pimiento verde picado

- 1 pimiento rojo picado

- 1 chile poblano, picado

- 2 dientes de ajo picados

- 2 cucharaditas de comino molido

- 1 cucharadita de hojas secas de orégano

- 1 cucharadita de hojas secas de albahaca

- 1/2 cucharadita de jengibre rallado

- 1 cucharada de cilantro

- 2 tazas de tomates, sin escurrir y cortados en cubitos

- 1 taza de agua

- 1 lata (15 onzas) de frijoles pintos, enjuagados y escurridos

- 1/4 taza de salsa de tomate

- 3⁄4 taza de cerveza

- 1 cucharada de cacao sin azúcar

- Sal al gusto

- Pimienta negra al gusto

- Pimentón, al gusto

- Crema agria, como guarnición

Direcciones

1. En primer lugar, cocine la carne molida en una cacerola ligeramente engrasada a fuego medio. Cocine hasta que la carne esté dorada y cocida por completo o unos 10 minutos.

2. Agregue la carne a la olla de barro. Luego, agregue los ingredientes restantes, excepto la crema agria, a la olla de barro; cubra con una tapa y cocine a fuego lento alrededor de 8 horas.

3. Adorne cada tazón de chile con crema agria.

Chile de solomillo fácil

(Listo en aproximadamente 6 horas | Porciones 4)

Ingredientes

- 1 libra de lomo de cerdo, cortado en cubos
- 1 lata (15 onzas) de caldo de verduras sin grasa y reducido en sodio
- 1 lata (15 onzas) de frijoles, enjuagados
- 1 libra de tomates ciruela, en rodajas
- 1 chile jalapeño grande, picado
- 1 cucharada de chile en polvo
- 1 cucharadita de semillas de comino tostadas
- Sal al gusto
- Pimienta negra al gusto
- Pimienta de cayena al gusto
- Chips de maíz, como guarnición

Direcciones

1. Combine todos los ingredientes, excepto los chips de maíz, en una olla de barro.

2. Cocine tapado a temperatura alta durante unas 6 horas.

3. ¡Sirve con chips de maíz y disfruta!

Deliciosa sopa de tomate y frijoles

(Listo en aproximadamente 7 horas | Porciones 6)

Ingredientes

- 1 cuarto de caldo de pollo

- 2 latas (15 onzas) de frijoles blancos, enjuagados y escurridos

- 1 taza de tocino cocido, picado

- 1 libra de cordero, en cubos

- 1 taza de cebolletas

- 1 rebanada de apio picado

- 1 zanahoria grande, picada

- 1 diente de ajo picado

- 1 cucharadita de mezcla de condimentos italianos

- 3 tomates Roma, picados

- Sal al gusto

- Pimienta negra al gusto

- Pimienta de Cayena, al gusto

- Galletas, como guarnición

Direcciones

1. Combine todos los ingredientes, excepto las galletas, en una olla de barro.

2. Luego, cubra y cocine a fuego lento durante aproximadamente 7 horas.

3. ¡Sirve con galletas y disfruta!

Chile de Cordero con Jamón

(Listo en aproximadamente 8 horas | Porciones 6)

Ingredientes

- 1 cuarto de caldo de verduras

- 2 latas (15 onzas) de frijoles pintos, enjuagados y escurridos

- 1 taza de jamón parcialmente cocido, cortado en cubitos

- 1 libra de cordero, en cubos

- 1 cebolla morada grande, finamente picada

- 2 dientes de ajo picados

- 1 zanahoria grande, picada

- 1 rebanada de apio picado

- 1 cucharadita de mezcla de condimentos italianos

- 1 taza de salsa de tomate

- Sal al gusto

- Pimienta negra al gusto

- Pimienta de Cayena, al gusto

- Crema agria, como guarnición

Direcciones

4. Coloque todos los ingredientes, excepto la crema agria, en una olla de barro.

5. Pon la olla de barro a fuego lento; cocine su chile durante 7 a 8 horas.

6. Adorne con crema agria y sirva.

Sopa Cremosa De Verduras

(Listo en aproximadamente 4 horas | Porciones 4)

Ingredientes

- 2 tazas de caldo de verduras

- 2-3 cebolletas, picadas

- 3⁄4 taza de champiñones, en rodajas finas

- 1 taza corazones de alcachofa congelados, descongelados y finamente picados

- 1 taza de crema ligera

- 2 cucharadas de maicena

- Sal al gusto

- Pimienta negra al gusto

- Hojuelas de pimiento rojo, como guarnición

Direcciones

1. Combine los primeros cuatro ingredientes en su olla de barro; tape y cocine a fuego alto durante 4 horas.

2. Combine la crema ligera y la maicena. Agregue esta mezcla a la olla de barro, revolviendo de 2 a 3 minutos.

3. Sazone con sal y pimienta negro. Espolvorea cada plato de sopa con hojuelas de pimiento rojo.

Sopa de coles de Bruselas de otoño

(Listo en aproximadamente 4 horas | Porciones 4)

Ingredientes

- 1 libra de coles de Bruselas, cortadas a la mitad

- 1/2 taza de cebolla dulce picada

- 1 diente de ajo picado

- 1 cucharadita de cebolla en polvo

- 1 cucharadita de semillas de apio

- 1/2 cucharadita de hojas de romero secas

- 1 taza de caldo de verduras

- 1 taza de leche descremada al 2%

- Sal al gusto

- Pimienta negra al gusto

- Nuez moscada molida, como guarnición

Direcciones

1. Agregue las coles de Bruselas, la cebolla dulce, el ajo, la cebolla en polvo, las semillas de apio, el romero y el caldo de verduras a la olla de barro; tape y cocine a fuego alto de 3 a 4 horas.

2. Vierta la sopa en un procesador de alimentos o una licuadora. Agregue leche descremada al 2%. Licue hasta obtener una consistencia suave.

3. Sazone con sal y pimienta negro. Dividir en cuatro tazones de sopa y espolvorear ligeramente con nuez moscada; atender.

Sopa Crema De Maíz Vegetariana

(Listo en aproximadamente 4 horas 30 minutos | Porciones 4)

Ingredientes

- 3 ½ tazas de caldo de verduras

- 1/2 taza de cebolletas picadas

- 1 zanahoria grande, picada

- 2 papas medianas, peladas y cortadas en cubos

- 1 diente de ajo picado

- 1 lata (151/2 onzas) de maíz en grano entero, escurrido

- 1 taza de leche descremada

- 2 cucharadas de maicena

- Sal de apio, al gusto

- Pimienta blanca al gusto

- Pimentón, como guarnición

- Crema agria, como guarnición

Direcciones

1. Combine el caldo de verduras, las cebolletas, la zanahoria, la papa y el ajo.

2. Tape y cocine a fuego alto durante 4 horas. Haga puré la sopa en su procesador de alimentos hasta que esté cremosa y suave; Regrese a la olla de barro.

3. Agregue el maíz en grano y continúe cocinando a temperatura alta durante 30 minutos más. Luego, agregue la leche descremada y la maicena combinadas, revolviendo constantemente durante 3 minutos. Espolvoree con sal de apio y pimienta blanca y revuelva nuevamente. Adorne con pimentón y crema agria.

Rica sopa de patata y pistú

(Listo en aproximadamente 4 horas 20 minutos | Porciones 6)

Ingredientes

- 2 cuartos de galón de agua

- 1 sobre de mezcla de sopa de cebolla

- 2 tazas de cebollas picadas

- 5 dientes de ajo, cortados por la mitad

- 4 papas Yukon gold, peladas y cortadas en cubitos

- 5 tomates ciruela, sin semillas y picados

- 2 calabacines medianos, en rodajas

- 3/4 de cucharadita de semillas de apio

- 1 cucharadita de hojas secas de albahaca

- 1⁄4 taza de queso parmesano rallado

- Sal al gusto

- Pimienta negra al gusto

- Hojuelas de pimiento rojo, para decorar

Direcciones

1. En una olla de barro, combine el agua, la mezcla para sopa de cebolla, las cebollas, el ajo, las papas, los tomates, el calabacín, las semillas de apio y las hojas de albahaca.

2. A continuación, coloque la olla de barro a fuego alto y cocine de 3 a 4 horas.

3. Luego, agregue la sopa a un procesador de alimentos. Agregue el resto de los ingredientes, excepto las hojuelas de pimiento rojo; licúa hasta alcanzar la consistencia deseada.

4. Regrese la sopa cremosa a la olla de barro; tape y cocine a fuego alto de 15 a 20 minutos más; espolvorear con hojuelas de pimiento rojo y servir tibio.

Sopa refrescante de pimiento rojo asado

(Listo en aproximadamente 3 horas | Porciones 4)

Ingredientes

- 1 ½ tazas de caldo de verduras
- 3/4 taza de pimientos rojos asados en frascos
- 1 cucharada de vinagre balsámico
- 1 taza de agua
- 1/2 taza de cebolla picada
- 1 pepino picado
- 1 taza de papa, en cubos
- 1 cucharadita de pimienta gorda molida
- Sal al gusto
- Pimienta blanca al gusto
- Pimentón, al gusto
- 1 ½ tazas de yogur natural
- 2 cucharadas de maicena

Direcciones

1. En una olla de barro, combine todos los ingredientes, excepto el yogur y la maicena; tape y cocine a fuego alto alrededor de 3 horas.

2. Agregue el yogur y la maicena combinados, revolviendo constantemente, de 2 a 3 minutos.

3. Haz puré la mezcla en tu procesador de alimentos hasta que quede suave, cremosa y uniforme; poner en el refrigerador y servir frío.

Estofado de ternera a la antigua

(Listo en aproximadamente 8 horas | Porciones 4)

Ingredientes

- 1 taza de caldo de res sin grasa y reducido en sodio
- 1 libra de filete de res, cortado en tiras
- 1/2 taza de vino tinto seco
- 2 tazas de ejotes
- 1 cebolla finamente picada
- 2 patatas medianas
- 1 tallo de apio picado
- 3 zanahorias, en rodajas gruesas
- 1 cucharadita de hojas secas de mejorana
- 1 cucharadita de hojas secas de tomillo
- 1 cucharadita de salvia seca
- Sal y pimienta negra al gusto
- Pimienta de Cayena, al gusto

Direcciones

1. En una olla de barro, combine todos los ingredientes.

2. Cubra con una tapa y cocine a fuego lento durante 8 horas.

3. Sirva caliente sobre fideos cocidos.

Sopa de pepino picante

(Listo en aproximadamente 3 horas | Porciones 4)

Ingredientes

- 1 ½ tazas de caldo de pollo
- 2 cucharadas de vinagre de sidra de manzana
- 1 taza de agua
- 1/2 taza de cebolletas, finamente picadas
- 1 pepino picado
- 1 cucharadita de eneldo fresco
- 1 taza de papa, cortada en cubitos
- 1 cucharadita de canela en polvo
- Sal al gusto
- Pimienta negra al gusto
- Hojuelas de pimiento rojo, al gusto
- 1 ½ tazas de yogur natural
- 2 cucharadas de maicena

Direcciones

1. En su olla de barro, coloque todos los ingredientes, excepto el yogur y la maicena.

2. Cubra con una tapa y cocine a fuego alto aproximadamente 3 horas.

3. En una taza medidora, bata el yogur con la maicena; agregue a la olla de barro y cocine, revolviendo con frecuencia, de 2 a 3 minutos.

4. Vierta esta mezcla en un procesador de alimentos o una licuadora. Procese hasta que quede suave y cremoso; servir frío.

Estofado de ternera delicioso y fácil

(Listo en aproximadamente 5 horas | Porciones 6)

Ingredientes

- 2 libras de carne de res, en cubos

- 1 taza de caldo de res

- 1 pimiento rojo dulce

- 1 taza de cebolletas picadas

- 3 dientes de ajo picados

- 1 chirivía, en cubos

- 1 apio picado

- 1/2 taza de vino tinto seco o caldo de res

- 2 papas rojas medianas

- 2 cucharadas de salsa de tomate

- 1 cucharada de vinagre de sidra de manzana

- 1/2 cucharadita de hojas de romero secas

- 2 hojas de laurel grandes

- Sal al gusto

- Pimienta negra al gusto

- Pimentón, al gusto

- 2 cucharadas de maicena

• 1⁄4 taza de agua fría

Direcciones

1. Coloque todos los ingredientes, excepto la maicena y el agua fría, en su olla de barro; tape y cocine a fuego alto de 4 a 5 horas.

2. Agregue la maicena combinada y el agua fría, revolviendo de 2 a 3 minutos. Deseche la hoja de laurel y sírvala sobre arroz, si lo desea.

Estofado de pollo abundante

(Listo en aproximadamente 6 horas | Porciones 4)

Ingredientes

- 1 lata (10 ¾ onzas) de crema de pollo condensada reducida en sodio

- 1 ¼ tazas de leche reducida en grasa al 2%

- 1 taza de agua

- 1 pimiento rojo picado

- 1 pimiento verde picado

- 1 chile poblano, picado

- 1 libra de pechugas de pollo, deshuesadas, sin piel y en cubos

- 1 taza de cebolla en rodajas

- 1/2 taza de nabo, cortado en cubitos

- 1/2 taza de zanahoria, en rodajas finas

- 1/2 cucharadita de orégano seco

- 1/2 cucharadita de romero seco

- 1/2 cucharadita de sal de apio

- 1/4 de cucharadita de hojuelas de pimiento rojo triturado

- 1/4 cucharadita de pimienta negra molida

- 2 cucharadas de maicena

- 1/4 taza de agua fría

Direcciones

1. Combine la crema de sopa de pollo, la leche y el agua en una olla de barro.

2. Agrega el resto de los ingredientes, excepto la maicena y el agua; tape y cocine a fuego lento de 5 a 6 horas.

3. Luego, agregue la combinación de maicena y agua fría, revolviendo frecuentemente de 2 a 3 minutos. Sirva sobre papas hervidas, si lo desea.

Estofado de salchicha y pavo

(Listo en aproximadamente 5 horas | Porciones 4)

Ingredientes

- 2 tazas de pavo ahumado

- 2 tazas de salchichas en rodajas

- 1 lata (28 onzas) de tomates, cortados en cubitos

- 2 dientes de ajo asado, sin escurrir

- 2 cucharadas de vermú seco

- 1 taza de cebolla picada

- 1 taza de maíz en grano entero

- 1 pimiento morrón picado

- 1/2 cucharadita de hojas secas de albahaca

- 1/2 cucharadita de hojas secas de tomillo

- Sal al gusto

- Pimienta negra al gusto

- Unas gotas de salsa tabasco

Direcciones

1. Combine todos los ingredientes, excepto la salsa Tabasco, en una olla de barro.

2. Tape y cocine a fuego alto durante 5 horas.

3. Rocíe con salsa Tabasco; atender.

60

Estofado de pavo y frijoles

(Listo en aproximadamente 8 horas | Porciones 4)

Ingredientes

- 1 libra de pechuga de pavo, cortada en trozos pequeños
- 2 tazas de frijoles, enjuagados y escurridos
- 1 lata (14 ½ onzas) de caldo de pollo
- 1 taza de jugo de tomate
- 2 tazas de calabaza, pelada y cortada en cubos
- 1 taza de cebolla picada
- 1 taza de camote, en cubos
- 1 chile jalapeño, picado
- 1 cucharadita de semillas de apio tostadas
- Sal al gusto
- Pimienta negra al gusto
- 1/2 cucharadita de albahaca seca
- 1/2 cucharadita de orégano seco
- Cebollino fresco, como guarnición
- 1⁄4 taza de piñones, picados en trozos grandes

Direcciones

1. Coloque todos los ingredientes, excepto las cebolletas frescas y los piñones, en una olla de barro.

2. Cubra con una tapa y cocine a fuego lento aproximadamente 8 horas.

3. Espolvorea cada plato para servir con cebollino y piñones picados.

Guiso De Bacalao Y Camarones

(Listo en aproximadamente 4 horas | Porciones 8)

Ingredientes

- 1 taza de jugo de almejas
- 1 lata (28 onzas) de tomates guisados
- 1/2 taza de vino blanco seco
- 1/2 taza de cebolla finamente picada
- 3 dientes de ajo picados
- 1/2 cucharadita de tomillo seco
- 1 cucharadita de albahaca seca
- 1 cucharadita de hojas secas de orégano
- 2 hojas de laurel
- Sal al gusto
- Pimienta negra al gusto
- 1 libra de filetes de bacalao, en rodajas
- 1 ½ tazas de camarones, pelados y desvenados

Direcciones

1. Coloque todos los ingredientes, excepto los filetes de bacalao y los camarones, en una olla de barro; cubrir con una tapa.

2. Ponga la olla de barro a fuego alto y cocine de 3 a 4 horas, agregando filetes de bacalao y camarones durante los últimos 15 minutos de tiempo de cocción. Deseche las hojas de laurel; sirva con pan de maíz.

Estofado de pescado con especias de verano

(Listo en aproximadamente 5 horas 15 minutos | Porciones 8)

Ingredientes

- 1 taza de jugo de almejas
- 1 taza de vino blanco seco
- 2 latas (14 ½ onzas) de tomates, sin escurrir y cortados en cubitos
- 1 taza de puerros picados
- 1 diente de ajo picado
- 1⁄2 taza de hinojo, en rodajas finas
- 1/2 cabeza de brócoli, picado
- 1/2 apio picado
- 1 hoja de laurel
- 1/2 cucharadita de tomillo seco
- 3/4 de cucharadita de eneldo
- 1 cucharadita de ralladura de limón rallada
- 1⁄4 taza de perejil picado
- 2 cucharadas de cilantro
- Sal al gusto
- Pimienta negra al gusto
- Pimienta de Cayena, al gusto

- 1 libra de filetes de pescado, en cubos

- 8 onzas de camarones, pelados y desvenados

- 12 mejillones, lavados

Direcciones

1. Coloque todos los ingredientes, excepto los mariscos, en una olla de barro; tape y cocine a fuego alto durante 5 horas.

2. Agregue los filetes de pescado, los camarones y los mejillones a la olla de barro y continúe cocinando 15 minutos más.

3. Desechar la hoja de laurel y servir caliente con arroz cocido.

Guiso vegetariano para todas las estaciones

(Listo en aproximadamente 4 horas | Porciones 4)

Ingredientes

- 1 ½ tazas de caldo de verduras
- 1 taza de judías verdes
- 1 taza de papas nuevas
- 1/2 taza de zanahorias picadas
- 1/2 nabos picados
- 2 tomates ciruela medianos, picados
- 4 cebollas verdes, en rodajas
- 1⁄2 cucharadita de hojas secas de mejorana
- 4 rebanadas de tocino vegetariano, frito y crujiente, desmenuzado
- 1 taza de coles de Bruselas
- 10 espárragos cortados en trozos pequeños
- 2 cucharadas de maicena
- 1/4 taza de agua fría
- 1/4 cucharadita de pimienta negra molida
- Sal al gusto
- 1/4 cucharadita de pimentón
- 3 tazas de arroz integral cocido, tibio

Direcciones

1. En una olla de barro, coloque el caldo de verduras, las judías verdes, las papas, las zanahorias, los nabos, los tomates, la cebolla y las hojas de mejorana.

2. Tape y cocine a fuego alto unas 4 horas.

3. Agregue los ingredientes restantes, excepto el arroz cocido, durante los últimos 30 minutos de tiempo de cocción.

4. ¡Sirve sobre arroz integral y disfruta!

Guiso Vegano de Trigo, Bayas y Lentejas

(Listo en aproximadamente 8 horas | Porciones 8)

Ingredientes

- 3 tazas de caldo de verduras

- 1/2 taza de lentejas secas

- 1 taza de bayas de trigo

- 1 ½ libras de papas, en cubos

- 1 taza de puerros picados

- 1 zanahoria picada

- 1 tallo de apio picado

- 3 dientes de ajo picados

- Sal de apio, al gusto

- Pimienta negra al gusto

Direcciones

1. Pon todos los ingredientes en tu olla de barro; cubra la olla de barro con una tapa; cocine aproximadamente 8 horas.

2. ¡Sirve con tu pan de maíz favorito y disfruta!

Chile rojo familiar

(Listo en aproximadamente 8 horas | Porciones 4)

Ingredientes

- 8 onzas de solomillo de res molida

- 1 lata (28 onzas) de tomates triturados

- 1 lata (15 onzas) de frijoles rojos, enjuagados y escurridos

- 1 pimiento morrón rojo picado

- 1 pimiento amarillo picado

- 1/2 taza de cebolla morada picada

- 1 taza de cebolla morada grande

- 2 cucharadas de vinagre de vino tinto

- 1 cucharadita de chile en polvo

- 1/4 de cucharadita de canela molida

- 2/3 taza de salsa picante suave

- Sal al gusto

- Pimienta negra al gusto

Direcciones

1. En una sartén grande ligeramente engrasada, dore la carne molida a fuego medio. Cocine unos 5 minutos, desmenuzando con un tenedor.

2. Transfiera la carne cocida a una olla de barro, luego agregue los ingredientes restantes; tape y cocine a fuego lento de 6 a 8 horas. Sirva caliente con patatas fritas de harina de maíz, si lo desea.

Chile de pavo con col rizada

(Listo en aproximadamente 8 horas | Porciones 8)

Ingredientes

- 1 cucharada de aceite de oliva

- 1 ½ libras de pavo molido magro

- 2 latas (15 onzas) de frijoles cannellini, enjuagados y escurridos

- 1 taza de pasta de tomate

- 1⁄2 taza de cebolla morada picada

- 1 hoja de laurel

- 1/2 cucharadita de romero seco

- 1 cucharadita de comino molido

- 1/2 cucharadita de semillas de alcaravea

- 1 ½ taza de col rizada, picada en trozos grandes

- 1/4 cucharadita de pimienta negra

- 1/4 cucharadita de pimienta de cayena

- Sal de apio, al gusto

Direcciones

1. Engrase ligeramente una sartén grande con aceite de oliva. Cocine el pavo molido hasta que se dore o unos 10 minutos.

2. Coloque la carne cocida y los ingredientes restantes, excepto la col rizada, en una olla de barro; tape y cocine a fuego lento aproximadamente 8 horas.

3. Agregue la col rizada durante los últimos 20 minutos de tiempo de cocción.

4. Pruebe, ajuste los condimentos y sirva caliente.

Chili Picante De Salchicha De Pollo

(Listo en aproximadamente 6 horas | Porciones 4)

Ingredientes

- 4 onzas de salchicha de pollo, en rodajas
- 2 tomates Roma, picados
- 2 cucharadas soperas de ketchup de tomate
- 2 tazas de frijoles enlatados
- 1 cebolla morada grande, finamente picada
- 1 pimiento verde picado
- 1 pimiento rojo picado
- 1 cucharadita de comino molido
- 1 cucharada de cilantro picado
- 1 cucharada de chile en polvo
- Sal al gusto
- Crema agria, como guarnición

Direcciones

1. En una sartén antiadherente, cocine la salchicha hasta que se dore o aproximadamente 6 minutos. Reemplazar a la olla de barro.

2. Agregue los ingredientes restantes, excepto la crema agria; tape y cocine a fuego lento unas 6 horas.

3. Sirve con una cucharada de crema agria.

Chile picante de pepperoni

(Listo en aproximadamente 8 horas | Porciones 8)

Ingredientes

- 12 onzas de salchicha de pavo

- 4 onzas de pepperoni, en rodajas

- 1 lata (14 1⁄2 onzas) de tomates cortados en cubitos, sin escurrir

- 1 ½ taza de caldo de res

- 1 ½ taza de salsa de tomate

- 1 cucharadita de ralladura de limón

- 1 taza de garbanzos

- 1/2 taza de chiles verdes enlatados, picados

- 1 cebolla morada grande, picada

- 1 ½ cucharadita de condimento italiano seco

- 2 cucharadas de chile en polvo

- 1 cucharada de salsa Worcestershire

- Sal al gusto

- Pimentón, al gusto

- Salsa de pimiento picante, opcional

Direcciones

1. Cocine la salchicha y el pepperoni en una cacerola ligeramente engrasada a fuego medio. Cocine de 10 a 12 minutos; transferir a una olla de barro.

2. Agrega el resto de ingredientes; tape y cocine a fuego lento unas 8 horas.

3. Dividir en tazones para servir y servir con pan de maíz.

Espaguetis con Frijoles y Espárragos

(Listo en aproximadamente 3 horas | Porciones 4)

Ingredientes

- 1 taza de caldo de verduras

- 1/2 taza de judías verdes

- 1 lata (15 onzas) de frijoles Great Northern, enjuagados y escurridos

- 2 tomates medianos, picados

- 2 zanahorias medianas, picadas

- 3/4 cucharadita de hojas de romero secas

- 1 libra de espárragos, cortados en trozos pequeños

- 1/2 cucharadita de sal de apio

- 1 cucharadita de cebolla en polvo

- 1 cucharadita de ajo en polvo

- 8 onzas de espaguetis, cocidos

- 1/4 taza de queso parmesano, rallado

Direcciones

1. En una olla de barro, coloque el caldo de verduras, los ejotes, los frijoles Great Northern, los tomates, las zanahorias y el romero.

2. Cocine tapado durante 3 horas, agregando los trozos de espárragos durante los últimos 30 minutos de tiempo de cocción.

3. Sazone con sal de apio, cebolla en polvo y ajo en polvo; mezcle con espaguetis y queso parmesano. ¡Disfrutar!

Judías verdes picantes fáciles

(Listo en aproximadamente 4 horas | Porciones 4)

Ingredientes

- 1 libra de judías verdes

- 1 lata (28 onzas) de tomates en cubitos pequeños

- 1 cebolla morada grande, picada

- 4 dientes de ajo picados

- 1 cucharadita de semillas de apio

- 1 cucharadita de albahaca seca

- 1 cucharadita de orégano seco

- 1 cucharadita de sal marina

- 1/4 de cucharadita de pimienta negra recién molida

- 1/4 de cucharadita de hojuelas de pimiento rojo triturado

Direcciones

1. Combine todos los ingredientes en una olla de barro.

2. Cocine tapado a temperatura alta durante aproximadamente 4 horas o hasta que las judías verdes estén tiernas.

3. Pruebe, ajuste los condimentos y divida en platos hondos. ¡Disfrute de esta cena fácil y saludable con papas hervidas y su ensalada favorita de temporada!

Judías verdes cremosas favoritas

(Listo en aproximadamente 6 horas | Porciones 4)

Ingredientes

- 1/2 taza de crema agria
- 1/4 taza de leche descremada al 2%
- 1 ½ taza de crema de champiñones sin grasa enlatada
- 1 paquete (10 onzas) de ejotes, descongelados
- 2 dientes de ajo picados
- 1 zanahoria picada
- 1 tallo de apio picado
- Sal al gusto
- Pimienta de Cayena, al gusto
- Anacardos picados, como guarnición

Direcciones

1. Mezcle todos los ingredientes, excepto los anacardos, en su olla de barro.

2. Tape y cocine a fuego lento alrededor de 6 horas.

3. Esparce anacardos picados encima; sirva sobre macarrones o arroz integral cocido.

Rollitos de bistec con champiñones

(Listo en aproximadamente 6 horas | Porciones 4)

Ingredientes

- 500 g de filetes de res, cortados en 4 porciones
- 4 lonchas de jamón ahumado
- 1 taza de champiñones portobello picados
- 1/4 taza de pepinillo encurtido, finamente picado
- 1 cebolla dulce grande, picada
- 1 cucharadita de mostaza de Dijon
- 1/2 cucharadita de estragón seco
- 1 cucharadita de albahaca seca
- 1/2 cucharadita de orégano seco
- 1/2 taza de caldo de res
- Sal de apio, al gusto
- Granos de pimienta negra, al gusto
- Mayonesa, como guarnición

Direcciones

1. Cubra cada porción de filete de res con una rebanada de jamón.

2. En un tazón, combine los champiñones, el pepinillo encurtido, la cebolla, la mostaza, el estragón, la albahaca y el orégano. Extienda esta mezcla sobre el jamón.

3. A continuación, enrolle los bistecs y asegúrelos con palillos de dientes; colocar en la olla de barro.

4. Vierta el caldo, espolvoree con sal de apio y granos de pimienta; cocine a fuego lento de 5 a 6 horas. Adorne con mayonesa y sirva.

Hot Rouladen favorito

(Listo en aproximadamente 6 horas | Porciones 4)

Ingredientes

- 500 g de filetes de res, cortados en 4 porciones
- 4 rebanadas de queso provolone reducido en grasa
- 1 pimiento rojo dulce, cortado en tiras finas
- 1 pimiento verde dulce, cortado en tiras finas
- 1/4 taza, secados al sol, finamente picados
- 1 chile jalapeño, picado
- 1/2 taza de cebollas verdes picadas
- 1 cucharadita de mostaza
- 1 cucharadita de albahaca seca
- 1/2 cucharadita de semillas de apio
- Sal marina, al gusto
- Pimienta negra molida, al gusto
- 1/2 taza de caldo de res

Direcciones

1. Cubra cada porción de filete de res con la rebanada de queso. Luego, coloque pimientos morrones en cada rebanada de bistec.

2. En un bol, combine el resto de ingredientes, excepto el caldo de res. Extienda esta mezcla sobre rebanadas de queso.

3. Luego, enrolle los bistecs; asegúrelo con palillos de dientes; colóquelo en el fondo de su olla de barro.

4. Vierta el caldo de carne; cocine tapado a fuego lento durante aproximadamente 6 horas. Sirva caliente.

Costillas de ternera jugosas

(Listo en aproximadamente 8 horas | Porciones 4)

Ingredientes

- 1/2 taza de vino tinto seco
- 1/2 taza de caldo de res
- 1 cucharadita de mostaza
- 4 zanahorias grandes, en rodajas
- 1 cebolla morada grande, cortada en gajos
- 1 cucharada colmada de cilantro
- 1/2 cucharadita de estragón seco
- 2 libras de costillas de res

Direcciones

1. Coloque todos los ingredientes en una olla de barro, colocando las costillas de res en la parte superior.

2. Tape y cocine a fuego lento aproximadamente 8 horas.

3. Sirva caliente con un poco de mostaza extra.

Pastel de carne fácil al estilo italiano

(Listo en aproximadamente 7 horas | Porciones 4)

Ingredientes

- 1 ½ libras de carne molida magra

- 1 taza de avena de cocción rápida

- 1 cucharadita de ralladura de limón

- 1⁄2 taza de leche

- 1 huevo mediano

- 1⁄4 taza de salsa de tomate

- 1⁄2 taza de cebolletas picadas

- 1 pimiento verde picado

- 1 cucharadita de ajo granulado

- 1 cucharadita de condimento italiano

- 1 cucharadita de sal marina

- 1⁄2 cucharadita de pimienta negra molida

Direcciones

1. Mezclar todos los ingredientes hasta que todo esté bien incorporado; coloque su pastel de carne en un forro de olla de cocción lenta en una olla de barro.

2. Tape y cocine a fuego lento de 6 a 7 horas.

3. ¡Sirve sobre puré de papas y disfruta!

Pastel de carne con queso todos los días

(Listo en aproximadamente 6 horas | Porciones 4)

Ingredientes

- 1/2 libra de carne de cerdo molida magra
- 1/2 libra de carne molida magra
- 1/2 taza de queso crema bajo en grasa
- 1 taza de avena de cocción rápida
- 2 cucharadas de salsa Worcestershire
- 1 huevo mediano
- 1/4 taza de salsa de tomate
- 1/2 taza de cebolla picada
- 1 pimiento verde picado
- 1/2 cucharadita de jengibre molido
- 1 diente de ajo picado
- 1 cucharadita de sal marina
- 1/2 cucharadita de pimienta negra molida
- 1/2 taza de queso cheddar rallado bajo en grasa

Direcciones

1. En un tazón grande para mezclar, combine todos los ingredientes, excepto el queso Cheddar. Forme un pastel de carne.

2. Coloque el pastel de carne en una olla de cocción lenta en una olla de barro.

3. Cocine a fuego lento aproximadamente 6 horas.

4. Esparcir queso cheddar rallado encima y dejar reposar hasta que el queso se derrita. Atender.

Pan de carne de maní al curry

(Listo en aproximadamente 6 horas | Porciones 4)

Ingredientes

- 1 taza de avena de cocción rápida
- 1 cucharadita de jengibre rallado
- 1⁄2 taza de leche
- 1 huevo
- 1⁄4 taza de chutney, picado
- 1⁄2 taza de cebolla picada
- 1 pimiento rojo dulce, picado
- 1 cucharadita de ajo granulado
- 1 cucharadita de albahaca seca
- 1/3 taza de maní picado
- 1 cucharadita de curry en polvo
- 1 cucharadita de sal marina
- 1⁄2 cucharadita de pimienta negra molida
- 1 ½ libras de carne molida de res y cerdo, mezclados

Direcciones

1. Cubra una olla de barro con una tira ancha de papel de aluminio.

2. En un tazón grande, combine la avena, el jengibre, la leche, el huevo, la salsa picante, la cebolla, el pimiento, el ajo, la albahaca, el maní, el curry en polvo, la sal marina y la pimienta negra. Mezclar bien para combinar.

3. Agregue la carne molida y vuelva a mezclar. Dale a la mezcla la forma de una hogaza redonda.

4. Coloque en la olla de barro; Ponga la olla de barro a fuego lento y cocine por 6 horas. Sirva tibio oa temperatura ambiente.

Puré de frijoles con especias de mamá

(Listo en aproximadamente 8 horas | Porciones 10)

Ingredientes

- 9 tazas de agua
- 3 tazas de frijoles pintos enlatados, enjuagados
- 1 cebolla amarilla, cortada en gajos
- 1/2 chile poblano, sin semillas y picado
- 2 dientes de ajo picados
- 1 cucharada de condimento cajún
- 1 cucharadita de sal marina fina
- 1 cucharadita de pimienta negra molida
- 1 cucharadita de pimienta de cayena

Direcciones

1. Coloca todos los ingredientes en una olla de barro.

2. Cocine a fuego alto durante 8 horas.

3. Colar y reservar el líquido. Triture los frijoles, agregando el líquido reservado según sea necesario. Sirve con salchicha y tu ensalada favorita.

Kicked Up Cajun Jambalaya

(Listo en aproximadamente 8 horas | Porciones 12)

Ingredientes

- 1 lata (28 onzas) de tomates, cortados en cubitos

- 1 libra de pechuga de pollo, sin piel, deshuesada y cortada en trozos pequeños

- 1 libra de salchicha Andouille, en rodajas

- 1 cebolla grande, picada

- 1 tallo de apio picado

- 1 pimiento morrón picado

- 1 taza de apio picado

- 1 taza de caldo de pollo

- 1 cucharadita de hojas secas de albahaca

- 1 cucharadita de orégano seco

- 1 cucharadita de condimento cajún

- 1 cucharadita de pimienta de cayena

- 1 libra de camarones cocidos congelados sin cola

- 1 taza de arroz cocido

Direcciones

1. En una olla de barro, coloque todos los ingredientes, excepto los camarones y el arroz cocido.

2. Tape y cocine 8 horas a fuego lento.

3. Agregue los camarones y el arroz cocido durante los últimos 30 minutos de tiempo de cocción. ¡Disfrutar!

Asado de cerdo picante

(Listo en aproximadamente 8 horas | Porciones 8)

Ingredientes

- 1 cebolla morada grande, en rodajas

- 2 dientes de ajo picados

- 2 libras de lomo de cerdo asado, deshuesado

- 1 taza de agua

- 2 cucharadas de azúcar morena

- 3 cucharadas de vino tinto seco

- 2 cucharadas de salsa Worcestershire

- 1/4 taza de jugo de tomate

- 1/2 cucharadita de sal

- 1/2 cucharadita de pimienta negra

Direcciones

1. Coloque las rodajas de cebolla y el ajo picado sobre el fondo de una olla de barro; coloque el asado encima.

2. En una taza medidora o un tazón, mezcle el resto de los ingredientes; verter sobre el lomo de cerdo asado.

3. Tape y cocine a fuego alto durante 3 a 4 horas o a fuego lento durante 8 horas. Sirva sobre puré de papas.

Abundantes hojas de col rellenas

(Listo en aproximadamente 8 horas | Porciones 4)

Ingredientes

- 8 hojas de col de gran tamaño

- 1 libra de carne molida magra

- 1/4 taza de cebolla finamente picada

- 1/4 taza de agua

- 1 pimiento morrón rojo

- 1/4 taza de arroz cocido

- 3/4 cucharadita de sal

- 1/4 cucharadita de pimienta negra molida

- 1 ½ taza de salsa de tomate

- 1 lata (16 onzas) de tomates, cortados en cubitos

Direcciones

1. Coloque las hojas de col en agua hirviendo y cocine hasta que se ablanden; drenar.

2. Combine la carne molida y los ingredientes restantes, excepto la salsa de tomate y los tomates. Rellene las hojas de col, doblando los extremos y los lados.

3. Agregue la salsa de tomate y los tomates; tape y cocine a fuego lento aproximadamente 8 horas.

4. Sirve con una cucharada de crema agria.

Lomo De Cerdo Estofado Con Leche

(Listo en aproximadamente 4 horas | Porciones 8)

Ingredientes

- Pimienta negra molida, al gusto
- Sal fina para cocinar, al gusto
- 1 lomo de cerdo asado, deshuesado
- 1 taza de cebollas verdes picadas
- 2 dientes de ajo picados
- 1/2 taza de leche
- 1/4 taza de vino tinto seco
- 1 cucharadita de salvia seca
- 1 cucharadita de romero seco
- Cebollino para decorar

Direcciones

1. Frote pimienta negra y sal en el lomo de cerdo asado. Coloque en una olla de barro.

2. Esparce las cebollas picadas y el ajo picado encima; luego agregue la leche y el vino combinados. Espolvorea con salvia y romero.

3. Tape y cocine a fuego lento unas 4 horas.

4. ¡Espolvorea con cebollino fresco y sirve!

Puré de Papas con Zanahorias

(Listo en aproximadamente 3 horas | Porciones 8)

Ingredientes

- 5 libras de papas rojas, cortadas en trozos
- 2 dientes de ajo picados
- 2 zanahorias, en rodajas finas
- 1 cubo de caldo de pollo
- 1 taza de crema agria
- 1 taza de queso crema
- 1/2 taza de mantequilla
- 1/2 cucharadita de sal
- 1/2 cucharadita de pimienta negra molida

Direcciones

1. En una olla grande con agua hirviendo, cocine las papas, el ajo, las zanahorias y el caldo de pollo unos 15 minutos. Reserva de agua.

2. A continuación, haga puré de papas hervidas con crema agria y queso crema.

3. Transfiera el puré de papa a la olla de barro; cubra la olla de barro con una tapa, cocine a fuego lento durante aproximadamente 3 horas.

4. Agrega la mantequilla; espolvorear con sal y pimienta negra; atender.

Jamón Cocido Festivo

(Listo en aproximadamente 8 horas | Porciones 24)

Ingredientes

- 1 jamón picnic curado con hueso

- 2 tazas de azúcar morena compacta

- 1/4 de cucharadita de clavo molido

- 2 cucharadas de vinagre balsámico

Direcciones

1. Unte el azúcar morena y los clavos de olor molidos en el fondo de la olla de barro.

2. Coloque el jamón en la olla de barro y luego agregue vinagre balsámico.

3. Tape y cocine a fuego lento aproximadamente 8 horas.

Mantequilla de manzana favorita de la familia

(Listo en aproximadamente 10 horas | Porciones 24)

Ingredientes

- 5 libras de manzanas, peladas, sin corazón y picadas

- 4 tazas de azúcar morena

- 1/2 cucharadita de nuez moscada rallada

- 1 cucharada de canela molida

- 1/2 cucharadita de clavo molido

- Una pizca de sal

Direcciones

1. Coloque las manzanas picadas en su olla de barro.

2. En un tazón mediano, mezcle los ingredientes restantes hasta que todo esté bien combinado.

3. Vierta esta mezcla sobre las manzanas en la olla de barro y revuelva para combinar.

4. Tape y cocine a fuego alto durante 1 hora. Baje el fuego y luego cocine unas 9 horas. Revuelva con un batidor y refrigere.

Pollo a la Italiana con Brócoli

(Listo en aproximadamente 9 horas | Porciones 6)

Ingredientes

- 3 pechugas de pollo, sin piel y deshuesadas

- 1 taza de aderezo para ensaladas estilo italiano

- 1 ½ tazas de crema de pollo

- 1 taza de caldo de pollo

- 1 taza de queso crema

- 1 cucharadita de orégano seco

- 1/2 cucharadita de albahaca seca

- Sal de apio, al gusto

- Pimienta negra molida, al gusto

- Pimienta de Cayena, al gusto

Direcciones

1. En una olla de barro, combine las pechugas de pollo con aderezo estilo italiano.

2. Tape, coloque la olla de barro a fuego lento y cocine durante 8 horas.

3. Triture la carne de pollo y devuélvala a la olla de barro. En un tazón mediano, mezcle los ingredientes restantes.

4. Vierta sobre el pollo desmenuzado en la olla de barro; agregue el brócoli. Baja el fuego y continúa cocinando durante aproximadamente 1 hora.

Paletilla de cerdo con fideos

(Listo en aproximadamente 8 horas | Porciones 6)

Ingredientes

- 1 paleta de cerdo asada, deshuesada
- 1 taza de cebolla morada picada
- 1 taza de caldo de pollo
- 1/4 taza de cereza seca
- 1 cucharadita de ajo en polvo
- 1 cucharadita de semillas de apio
- 1/2 cucharadita de semillas de comino
- Sal marina, al gusto
- Pimienta negra molida, al gusto
- 2 cucharadas de maicena
- 1/3 taza de agua fría
- 6 tazas de fideos cocidos, tibios

Direcciones

1. Coloque los primeros siete ingredientes en una olla de barro; tape y cocine a fuego lento durante 8 horas.

2. Retirar la paleta de cerdo y desmenuzar. Sazone con sal marina y pimienta negra.

3. Encienda la olla de barro a fuego alto y cocine 10 minutos más. Agregue la maicena combinada y el agua fría, revolviendo frecuentemente de 2 a 3 minutos.

4. Regrese el cerdo desmenuzado a la olla de barro y mezcle; sirva sobre fideos cocidos y disfrute.

Cerdo Teriyaki con Tortillas

(Listo en aproximadamente 8 horas | Porciones 6)

Ingredientes

- 1 taza de caldo de verduras

- 1/4 taza de vino tinto seco

- 1 paleta de cerdo asada, deshuesada

- 1 paquete (1.06 onzas) de mezcla de adobo teriyaki

- 2 dientes de ajo picados

- 1 taza de cebolla picada

- 1 cucharadita de romero seco

- 1/2 cucharadita de semillas de comino

- Sal marina, al gusto

- Pimienta negra molida, al gusto

- Copos de pimiento rojo, triturados

- 6 tortillas de harina

Direcciones

1. Agregue todos los ingredientes, excepto las tortillas, a la olla de barro.

2. Cocine a fuego lento aproximadamente 8 horas o hasta que la carne de cerdo esté tierna y se deshaga.

3. A continuación, corte la carne de cerdo cocida en tiras. ¡Envuélvase en tortillas calientes y disfrute!

Chuletas de cerdo con salsa cremosa

(Listo en aproximadamente 5 horas | Porciones 4)

Ingredientes

- 4 chuletas de lomo de cerdo, deshuesadas

- Sal al gusto

- Pimienta negra recién molida, al gusto

- 1/2 taza de puerros, en rodajas finas

- 1 apio de costilla pequeña, en rodajas

- 1 lata (10 onzas) de crema de apio

- 1/2 taza de leche reducida en grasa al 2%

- Pan de maíz, como guarnición

Direcciones

1. Espolvoree la carne de cerdo con sal y pimienta negra recién molida; agregar a la olla de barro.

2. Coloque encima los puerros y el apio en rodajas.

3. Combine la crema de apio con la leche; batir para combinar. Vierta la mezcla en la olla de barro.

4. Cubra la olla de barro con una tapa y cocine a fuego lento de 4 a 5 horas. Sirve con pan de maíz.

Chuletas de cerdo con salsa de albaricoque y hoisin

(Listo en aproximadamente 3 horas | Porciones 4)

Ingredientes

- 6 chuletas de cerdo, deshuesadas

- 1/2 cucharadita de sal sazonada

- 1/2 cucharadita de pimienta negra molida

- 1/2 cucharadita de pimentón

- 1/4 taza de caldo de verduras

- 1/2 taza de mermelada de albaricoque

- 3 cucharadas de salsa hoisin

- 1 cucharada de maicena

Direcciones

1. Espolvorea la carne con sal, pimienta y pimentón; colocar en una olla de barro; vierta el caldo de verduras.

2. Tape y cocine a fuego lento alrededor de 3 horas; reserva las chuletas de cerdo.

3. Para hacer la salsa, suba el fuego a alto y cocine 10 minutos más; agregue el resto de los ingredientes al caldo, revolviendo de 2 a 3 minutos.

4. Sirva caliente sobre vegetales al vapor.

Bisque de patata y coliflor

(Listo en aproximadamente 5 horas | Porciones 6)

Ingredientes

- 3 tazas de caldo de pollo

- 1 tallo de apio picado

- 1 zanahoria grande, picada

- 1/2 coliflor de cabeza grande, picada en trozos grandes

- 1 ½ tazas de papas, picadas

- 1 taza de chalotas picadas

- 1 cucharada de albahaca seca

- 1 cucharadita de tomillo seco

- 1/2 cucharadita de sal marina

- 1/4 cucharadita de pimienta negra

- 1 taza de leche

Direcciones

1. Combine todos los ingredientes, excepto la leche, en una olla de barro; cubrir con una tapa y poner la olla de barro a fuego alto

2. Cocine de 4 a 5 horas.

3. Vierta la sopa en un procesador de alimentos o una licuadora junto con la leche. Mezclar hasta que quede suave.

4. Ajuste los condimentos; espolvorear con perejil fresco picado y servir a temperatura ambiente o frío.

Sopa de repollo caliente

(Listo en aproximadamente 4 horas | Porciones 8)

Ingredientes

- 3 tazas de repollo verde rallado
- 2 cuartos de caldo de res bajo en grasa
- 1 tallo de apio picado
- 1 zanahoria grande, picada
- 1 pimiento rojo dulce, en rodajas
- 1 pimiento amarillo dulce, picado
- 1 cebolla grande, picada
- 1 diente de ajo picado
- 1 cucharada de aceite vegetal
- 1 cucharadita de jengibre picado
- 2 cucharadas de salsa de soja
- Unas gotas de salsa tabasco
- 1 cucharada de azúcar morena
- 2 cucharadas de maicena

Direcciones

1. Combine el repollo, el caldo, las verduras, el aceite y el jengibre en una olla de barro; tape y cocine a fuego alto durante 3 a 4 horas.

2. Agregue los ingredientes restantes combinados y cocine 5 minutos más. Sirve caliente y disfruta.

Sopa de zanahoria agria con yogur

(Listo en aproximadamente 4 horas | Porciones 6)

Ingredientes

- 3 tazas de caldo de pollo reducido en sodio

- 2 tazas de tomates enlatados, sin escurrir y cortados en cubitos

- 1 libra de zanahorias, en rodajas gruesas

- 1 taza de puerros picados

- 2 dientes de ajo picados

- 1 cucharadita de eneldo seco

- 1 cucharada de vinagre de sidra de manzana

- Sal al gusto

- 1/4 cucharadita de pimienta blanca

- 1/4 cucharadita de pimienta negra molida

- Yogur natural para decorar

Direcciones

1. Combine los primeros seis ingredientes en su olla de barro; cubra con una tapa adecuada y cocine a fuego alto de 3 a 4 horas.

2. Luego, mezcle la sopa en un procesador de alimentos hasta que quede suave; agregue el resto de los ingredientes, excepto el yogur, y revuelva bien para combinar.

3. Revuelva antes de servir; decorar con una cucharada de yogur.

Sopa De Papa Con Apio Eneldo

(Listo en aproximadamente 4 horas | Porciones 6)

Ingredientes

- 2 tazas de tomates enlatados, sin escurrir y cortados en cubitos

- 3 tazas de caldo de verduras

- 1/2 libra de apio picado

- 1/2 libra de papas, peladas y cortadas en cubitos

- 1 taza de cebolletas, finamente picadas

- 1 ½ cucharadita de eneldo seco

- 1 cucharada de jugo de limón

- Sal al gusto

- 1/4 cucharadita de pimienta blanca

- 1/4 cucharadita de pimienta negra molida

- Yogur natural para decorar

Direcciones

1. Combine tomates, caldo, apio, papa, cebolletas y eneldo en su olla de barro; tape, ponga la olla de barro a fuego alto y cocine aproximadamente 4 horas.

2. Luego, licúe la sopa preparada en una licuadora o procesador de alimentos hasta que quede suave;

3. Agregue los ingredientes restantes combinados, excepto el yogur; revuelva bien hasta que todo esté bien combinado.

4. Adorne con una cucharada de yogur y sirva frío oa temperatura ambiente.

Crema de Verduras con Queso

(Listo en aproximadamente 4 horas | Porciones 6)

Ingredientes

- 1 coliflor de cabeza pequeña
- 1 zanahoria mediana, picada
- 3 ½ caldo de pollo
- 2 papas de Idaho grandes, peladas y en cubos
- 1⁄2 taza de puerros picados
- 2 dientes de ajo picados
- 1 cucharada de salsa de soja
- 1⁄2 taza de leche reducida en grasa al 2%
- 3⁄4 taza de queso cheddar bajo en grasa, rallado
- 1/4 de cucharadita de nuez moscada molida
- Sal al gusto
- Pimienta negra molida al gusto
- Cebollino picado, como guarnición

Direcciones

1. Combine los primeros seis ingredientes en una olla de barro; cocine a fuego alto de 3 a 4 horas.

2. Haga puré 1/2 de la sopa preparada en una licuadora o procesador de alimentos hasta que quede suave y cremoso; Regrese a la olla de barro.

3. Agregue la salsa de soja y la leche combinadas y continúe cocinando, revolviendo de 2 a 3 minutos. Revuelva bien para combinar. Agrega queso cheddar, nuez moscada, sal y pimienta negra al gusto.

4. ¡Divida entre seis tazones para servir, espolvoree con cebolletas picadas y sirva!

Sopa Cremosa De Hinojo Con Nueces

(Listo en aproximadamente 4 horas | Porciones 6)

Ingredientes

- 3 ½ caldo de pollo

- 1 ½ tazas de bulbos de hinojo

- 1/2 taza de apio picado

- 1 zanahoria mediana, picada

- 2 papas de Idaho grandes, peladas y en cubos

- 1⁄2 taza de cebolletas picadas

- 2 dientes de ajo picados

- 1 cucharada de salsa de soja

- 1 cucharada de vinagre de sidra de manzana

- 1⁄2 taza de leche reducida en grasa al 2%

- Sal al gusto

- Pimienta negra molida al gusto

- Nueces tostadas picadas, como guarnición

Direcciones

1. En una olla de barro, combine los primeros siete ingredientes. Cocine a fuego alto aproximadamente 4 horas.

2. Coloque la sopa preparada en un procesador de alimentos y mezcle hasta obtener una consistencia suave.

3. Agregue los ingredientes restantes, excepto las nueces picadas, y continúe cocinando 5 minutos más.

4. Dividir entre tazones para servir; esparcir nueces encima y servir.

Crema de nabo

(Listo en aproximadamente 4 horas | Porciones 6)

Ingredientes

- 3 ½ caldo de verduras
- 1 ½ tazas de nabos picados
- 2 zanahorias medianas, picadas
- 1 papa grande, pelada y en cubos
- 1/2 taza de cebollas picadas
- 2 dientes de ajo picados
- 1 cucharada de salsa tamari
- 1/2 taza de leche entera
- 1/4 de cucharadita de pimienta blanca molida
- 1 cucharadita de tomillo seco
- Sal al gusto
- Pimienta negra molida al gusto
- 3/4 taza de queso suizo reducido en grasa, rallado
- Cubitos de pan tostado, como guarnición

Direcciones

1. Vierta el caldo de verduras en una olla de barro. Agregue nabos, zanahorias, papas, cebollas y ajo. Pon la olla de barro a fuego alto; cocine durante aproximadamente 4 horas.

2. Vierta la sopa en un procesador de alimentos y mezcle hasta obtener la consistencia deseada.

3. Regrese a la olla de barro; agregue la salsa tamari, la leche, la pimienta blanca, el tomillo, la sal y la pimienta negra. Cocine 5 minutos más.

4. Cubra con queso suizo. Adorne con cubitos de pan tostado y sirva.

Sopa Fragante De Ajo Con Pan

(Listo en aproximadamente 4 horas | Porciones 4)

Ingredientes

- 8 dientes de ajo picados

- 1 cuarto de caldo de verduras

- 1/2 cucharadita de hojas de orégano secas

- 1/2 cucharadita de semillas de apio

- Sal al gusto

- Pimienta negra al gusto

- 2 cucharadas de aceite de oliva

- 4 rebanadas de pan

- Cebollino picado, como guarnición

Direcciones

1. Combine el ajo, el caldo de verduras, las hojas secas de orégano y las semillas de apio en una olla de barro; tape y cocine a fuego alto durante 4 horas.

2. Sazone con sal y pimienta negro.

3. En una sartén pesada, caliente el aceite de oliva a fuego medio. Freír las rebanadas de pan, de 2 a 3 minutos por cada lado, hasta que estén doradas.

4. Coloque las rebanadas de pan en tazones de sopa; Cucharón de sopa de ajo sobre ellos y espolvorear con cebollino picado. ¡Disfrutar!

Sopa De Aguacate Y Papa

(Listo en aproximadamente 5 horas | Porciones 4)

Ingredientes

- 1 ½ tazas de caldo de pollo

- 3 tazas de papas, peladas y cortadas en cubitos

- 1 taza de granos de elote

- 1 taza de pechuga de pavo ahumado, en cubos

- 1 cucharadita de hojas secas de tomillo

- Jugo de 1 lima fresca

- 1 taza de aguacate, en cubos

- 1 cucharadita de sal marina

- 1/2 pimienta negra molida

Direcciones

1. Combine el caldo de pollo, las papas, los granos de maíz, las pechugas de pavo y el tomillo en una olla de barro.

2. Tape y cocine a fuego alto de 4 a 5 horas.

3. Agregue la lima, el aguacate, la sal y la pimienta negra. Atender.

Sopa De Salchicha De Verduras Y Queso

(Listo en aproximadamente 5 horas | Porciones 6)

Ingredientes

- 1 taza de salchicha ahumada, en rodajas

- 2 tazas de caldo de res bajo en sodio

- 2 ½ tazas de elote tipo crema

- 1 cebolla picada

- 1 ½ tazas de tomates pera, cortados en cubitos

- 1 pimiento rojo dulce, picado

- 2 tazas de leche entera

- 2 cucharadas de maicena

- 3/4 taza de queso suizo

- Sal al gusto

- 1/4 cucharadita de pimienta negra

- 1/4 cucharadita de pimienta de cayena

Direcciones

1. Combine los primeros seis ingredientes en su olla de barro; cubrir con una tapa.

2. Cocine a fuego alto aproximadamente 5 horas.

3. Agregue la leche y la maicena, revolviendo unos 3 minutos.

4. Agrega el queso suizo; sazone con sal, pimienta negra y pimienta de cayena; atender.

Sopa De Patatas Para Climas Fríos

(Listo en aproximadamente 5 horas | Porciones 4)

Ingredientes

- 2 tazas de papas, en cubos

- 2 tazas de granos de elote

- 1 cebolla mediana picada

- 1 taza de agua

- 1 taza de caldo de pollo

- 1⁄2 taza de apio, en rodajas

- 1 cucharadita de hojas secas de albahaca

- 1/2 cucharadita de eneldo seco

- 1 ½ tazas de leche

- Sal al gusto

- 1/4 cucharadita de pimienta blanca

Direcciones

1. Combine las papas, el maíz, la cebolla, el agua, el caldo, el apio, la albahaca y el eneldo en una olla de barro.

2. Tape y cocine a fuego alto de 4 a 5 horas.

3. Agregue el resto de los ingredientes y sirva tibio oa temperatura ambiente.

Sopa de frijoles abundante

(Listo en aproximadamente 6 horas | Porciones 8)

Ingredientes

- 2 tazas de agua

- 2 tazas de caldo de res

- 15 ½ onzas de frijoles enlatados, enjuagados y escurridos

- 1 pimiento rojo dulce

- 1 hoja de laurel

- 2 cebollas grandes, picadas

- 2 dientes de ajo picados

- 1/2 cucharadita de chile en polvo

- 1⁄4 taza de jerez seco

- Sal y pimienta negra molida, al gusto.

- Queso azul para decorar

Direcciones

1. En una olla de barro, coloque agua, caldo de res, frijoles enlatados, pimiento rojo, laurel, cebolla, ajo y chile en polvo.

2. Cocine tapado a fuego alto durante 5 a 6 horas.

3. Agregue jerez seco durante los últimos 15 minutos; sazone con sal y pimienta, pruebe y ajuste los condimentos.

4. ¡Sirve con queso azul y disfruta!

Sopa de frijol Gran Norte

(Listo en aproximadamente 6 horas | Porciones 8)

Ingredientes

- 2 tazas de caldo de pollo

- 2 tazas de agua

- 2 tazas de frijoles Great Northern, enjuagados y escurridos

- 1 zanahoria grande en rodajas

- 2 tazas de puerros finamente picados

- 2-3 dientes de ajo picados

- 1 cucharadita de albahaca seca

- 1 cucharadita de tomillo seco

- 1 cucharadita de semillas de apio

- 1 cucharada de vinagre de sidra de manzana

- 1/2 cucharadita de sal

- 1/2 cucharadita de pimienta negra molida

Direcciones

1. En una olla de barro, combine el caldo de pollo, el agua, los frijoles, la zanahoria, los puerros, el ajo, la albahaca, el tomillo y las semillas de apio.

2. Cubra con una tapa; cocine a fuego alto de 5 a 6 horas, agregando vinagre de sidra de manzana durante los últimos 15 minutos. Agrega sal y pimienta negra molida; sirva caliente.

Sopa De Patatas Y Coliflor

(Listo en aproximadamente 4 horas | Porciones 6)

Ingredientes

- 3 tazas de caldo de pollo reducido en sodio

- 3 ½ tazas de papas, peladas y en cubos

- 1 taza de cebolletas picadas

- 1/2 cabeza de coliflor

- 1/2 taza de apio, en rodajas finas

- 1/4–1/2 cucharadita de semillas de apio

- 1 taza de leche entera

- 2 cucharadas de maicena

- Sal y pimienta blanca al gusto

- 1/4 de cucharadita de hojuelas de pimiento rojo triturado

- Nuez moscada molida, como guarnición

Direcciones

1. Combine todos los ingredientes, excepto la leche entera, la maicena, la sal, la pimienta blanca, el pimiento rojo y la nuez moscada, en una olla de barro.

2. Tape y cocine a fuego alto aproximadamente 4 horas.

3. Agregue los ingredientes restantes combinados, excepto la nuez moscada, durante los últimos 20 minutos.

4. Dividir entre seis tazones de sopa; ¡Sirva espolvoreado con nuez moscada molida!

Chili de pollo de mamá

(Listo en aproximadamente 8 horas | Porciones 6)

Ingredientes

- 1 libra de pechuga de pollo, deshuesada y sin piel
- 1 taza de puerros finamente picados
- 2 tomates pera, cortados en cubitos
- 1 lata (15 onzas) de frijoles, enjuagados y escurridos
- 2 dientes de ajo picados
- 1 cucharadita de chile en polvo
- 1/2 cucharadita de pimienta gorda
- 1 tira de ralladura de naranja
- Sal y pimienta negra al gusto
- Perejil fresco picado, como guarnición
- Hojas de cilantro picadas, como guarnición

Direcciones

1. Corta el pollo en trozos pequeños.

2. En su olla de barro, combine todos los ingredientes, excepto el perejil y el cilantro.

3. Cubra y cocine a fuego lento durante aproximadamente 8 horas.

4. Sirva sobre arroz. Espolvorea con perejil y cilantro. ¡Disfrutar!

Delicioso chile picante de champiñones

(Listo en aproximadamente 8 horas | Porciones 6)

Ingredientes

- 1 libra de pechuga de pollo, en cubos

- 2 tazas de caldo de pollo reducido en sodio

- 1 taza de agua

- 2 tazas de frijoles rojos enlatados, enjuagados y escurridos

- 2 cebollas rojas grandes

- 1 pimiento rojo dulce, picado

- 1 taza de champiñones, en rodajas

- 1 cucharadita de raíz de jengibre, picada

- 1 cucharadita de chile jalapeño, picado

- 1 cucharadita de comino molido

- 2 hojas de laurel

- 1/2 cucharadita de sal marina

- 1/2 cucharadita de pimienta negra molida

- 1/2 cucharadita de pimienta de cayena

Direcciones

1. Agregue todos los ingredientes a una olla de barro.

2. Luego, cocine tapado a fuego lento durante 6 a 8 horas.

3. Probar, ajustar los condimentos y servir.

Pollo y Papas con Salsa

(Listo en aproximadamente 6 horas | Porciones 4)

Ingredientes

- 3/4 taza de pechugas de pollo, deshuesadas y sin piel

- 4 papas medianas, peladas y cortadas en cubitos

- 1 cebolla amarilla mediana, en rodajas

- 1 ½ taza de crema de champiñones

- 1 ½ taza de crema de pollo

- 1/4 cucharadita de pimienta blanca

- 1/4 cucharadita de pimienta negra

Direcciones

1. Coloca todos los ingredientes en tu olla de barro.

2. Tape y cocine a fuego lento durante aproximadamente 6 horas o hasta que la carne esté bien cocida.

3. Sirva con una cucharada de crema agria y su ensalada mixta favorita.

Pollo y verduras con salsa de queso

(Listo en aproximadamente 6 horas | Porciones 4)

Ingredientes

- 2 tazas de caldo de pollo

- 4 pechugas de pollo medianas, deshuesadas y sin piel

- 1 libra de judías verdes

- 1 pimiento morrón rojo dulce

- 1 cebolla, cortada en gajos

- 3 papas medianas, peladas y cortadas en cubitos

- 3 dientes de ajo picados

- 1/2 cucharadita de mejorana seca

- 1/4 de cucharadita de pimienta negra recién molida

- 1/2 taza de queso crema, cortado en cubos

- 1 cucharadita de mostaza de Dijon

- 2 cucharadas de vinagre balsámico

Direcciones

1. Simplemente coloque todos los ingredientes, excepto el queso, la mostaza y el vinagre balsámico, en una olla de barro.

2. Tape y cocine a fuego lento durante 5 a 6 horas.

3. Retire el pollo y las verduras de la olla de barro y manténgalas calientes.

4. Para hacer la salsa, agregue el queso, la mostaza y el vinagre al caldo en la olla de barro. Remueve hasta que todo esté bien incorporado y el queso se derrita.

5. Divida el pollo y las verduras en cuatro platos hondos.

6. Sirva la salsa sobre el pollo y las verduras. Sirva caliente.

Pollo Caliente con Patatas

(Listo en aproximadamente 5 horas | Porciones 4)

Ingredientes

- Aceite en aerosol antiadherente
- 1/2 taza de papas
- 1 taza de pollo cocido sobrante, cortado en cubos
- 2 hojas de laurel
- 3-4 granos de pimienta
- 2 tazas de caldo de pollo
- 2 tazas de agua
- 2 cucharadas de vino blanco seco
- Pimienta negra molida, al gusto
- 1 cucharadita de chile en polvo

Direcciones

1. Cubre tu olla de barro con spray antiadherente.
2. Coloque todos los ingredientes en la olla de barro engrasada.
3. Tape y cocine a fuego lento durante 5 horas.

Paprikash de pollo con fideos

(Listo en aproximadamente 8 horas | Porciones 8)

Ingredientes

- 2 cucharadas de aceite de oliva

- 1 cebolla grande, pelada y cortada en cubitos

- 2 dientes de ajo picados

- 3 libras de muslos de pollo, deshuesados y sin piel

- 2 hojas de laurel

- 1 cucharadita de sal marina

- 1/2 cucharadita de pimienta negra molida, al gusto

- 1 cucharada de pimentón

- 1/2 taza de caldo de pollo

- 1/4 taza de vino blanco seco

- 1 taza de queso crema

- Fideos de huevo, cocidos

Direcciones

1. En una sartén pesada, caliente el aceite de oliva a fuego medio. Saltee las cebollas y el ajo hasta que estén tiernos.

2. Corta los muslos de pollo en trozos pequeños. Agregue el pollo a la sartén y saltee durante 5 a 6 minutos. Reemplazar a la olla de barro.

3. Agregue las hojas de laurel, la sal marina, la pimienta negra, el pimentón, el caldo de pollo y el vino blanco; tape y cocine a fuego lento aproximadamente 8 horas.

4. Agregue el queso crema y sirva sobre los fideos cocidos.

Pechugas De Pavo Naranja

(Listo en aproximadamente 8 horas | Porciones 8)

Ingredientes

- Aceite en aerosol antiadherente
- 3 libras de pechugas de pavo, deshuesadas y sin piel
- 1 cebolla mediana picada
- 1⁄2 taza de jugo de naranja
- 1 cucharada de mermelada de naranja
- 1 cucharada de vinagre balsámico
- 1 cucharada de salsa Worcestershire
- 1 cucharadita de mostaza
- 1/2 cucharadita de sal kosher
- 1/4 cucharadita de pimienta negra molida

Direcciones

1. Trate su olla de barro con aceite en aerosol antiadherente. Corta el pavo en trozos pequeños. Transfiera a la olla de barro y agregue la cebolla.

2. En una taza medidora o un tazón, combine el jugo de naranja, la mermelada, el vinagre balsámico, la salsa Worcestershire, la mostaza, la sal y la pimienta negra. Vierta en la olla de barro.

3. Cubra con una tapa; cocine a fuego lento aproximadamente 8 horas.

4. Sirva sobre papas gratinadas.

Pollo Teriyaki con Arroz Basmati

(Listo en aproximadamente 8 horas | Porciones 8)

Ingredientes

- 2 libras de pollo, deshuesado y cortado en tiras

- 1 taza de guisantes verdes

- 1 pimiento rojo dulce, picado

- 1 pimiento amarillo dulce, picado

- 1 taza de cebolletas

- 1/2 taza de caldo de pollo

- 1 taza de salsa teriyaki

- Sal marina al gusto

- 1/4 cucharadita de pimienta negra molida

Direcciones

1. Agregue todos los ingredientes a la olla de barro. Revuelve para combinar.

2. Cubra y cocine a fuego lento durante aproximadamente 6 horas.

3. Sirva sobre arroz basmati.

Pollo húmedo y tierno con cebolla caramelizada

(Listo en aproximadamente 6 horas | Porciones 4)

Ingredientes

- 2 cucharadas de mantequilla

- 1 cebolla grande, picada

- 1 cucharadita de azucar

- 2 dientes de ajo picados

- 1 cucharada de curry en polvo

- 1 taza de agua

- 3/4 cucharadita de caldo de pollo concentrado

- 8 muslos de pollo, sin piel

- Arroz blanco de grano largo cocido, como guarnición

Direcciones

1. En una sartén pequeña, derrita la mantequilla a fuego medio. Agregue las cebollas y cocine por 10 minutos, revolviendo ocasionalmente.

2. Luego, enciende el fuego a medio-alto; agregue el azúcar y cocine por 10 minutos más o hasta que las cebollas se doren. Transfiera a la olla de barro.

3. Agregue los ingredientes restantes, excepto el arroz cocido; cocine tapado durante aproximadamente 6 horas.

4. Dividir en cuatro platos para servir y servir sobre arroz blanco de grano largo.

Pollo al Curry con Almendras

(Listo en aproximadamente 6 horas | Porciones 4)

Ingredientes

- 1 cucharada de aceite de oliva
- 1 taza de puerros picados
- 2 dientes de ajo picados
- 1 ½ cucharada de curry en polvo
- 1 taza de leche de almendras
- 1/2 taza de agua
- 8 muslos de pollo, sin piel
- 11⁄2 tazas de apio, cortado en diagonal
- 1 taza de almendras rebanadas, tostadas

Direcciones

1. En una sartén pesada, caliente el aceite de oliva; sofría los puerros hasta que estén tiernos. Transfiera a la olla de barro.

2. Agrega el resto de ingredientes, excepto las almendras picadas.

3. Cubra con una tapa adecuada y cocine durante aproximadamente 6 horas.

4. ¡Esparce las almendras tostadas encima y sírvelas tibias!

Increíble pollo con leche

(Listo en aproximadamente 8 horas | Porciones 4)

Ingredientes

- Aceite en aerosol antiadherente

- 1 taza de sopa de pollo

- 1 pimiento verde, cortado en rodajas

- 1 pimiento rojo cortado en rodajas

- 1 zanahoria en rodajas finas

- 1/2 taza de leche

- 1 taza de pechugas de pollo, deshuesadas y sin piel

- 1 ½ tazas de agua

Direcciones

1. Cubre una olla de barro con spray antiadherente.

2. Agrega el resto de ingredientes.

3. Cubra con una tapa; Ponga la olla de barro a fuego lento y cocine durante 8 horas.

Pavo condimentado con chucrut

(Listo en aproximadamente 8 horas | Porciones 6)

Ingredientes

- 1 libra de zanahorias, en rodajas finas

- 1 tallo de apio, finamente picado

- 1 taza de puerros picados

- 2 dientes de ajo pelados y picados

- 1 pechuga de pavo grande, deshuesada

- 2 libras de chucrut, enjuagado y escurrido

- 6 papas rojas medianas, lavadas y perforadas

- 2 tazas de cerveza

- 1/2 cucharadita de salvia seca

- 1/2 cucharadita de romero seco

- Sal al gusto

- 1/2 cucharadita de pimienta negra molida

Direcciones

1. En una olla de barro, coloque todos los ingredientes.

2. Pon la olla de barro a fuego lento; cocine tapado unas 8 horas.

3. Luego, pruebe el condimento y ajuste si es necesario; atender.

Pechugas de pavo con arándanos

(Listo en aproximadamente 8 horas | Porciones 8)

Ingredientes

- Spray de cocina con sabor a mantequilla

- 1 cucharadita de caldo de pollo concentrado

- 2 tazas de salsa de arándanos entera

- 1/4 cucharadita de agua

- 1 pechuga de pavo deshuesada de tamaño mediano, cortada en cuartos

Direcciones

1. Cubra la olla de barro con aceite en aerosol con sabor a mantequilla. Agrega el resto de ingredientes; revuelve para combinar.

2. Tape y cocine a fuego lento durante 8 horas o cocine a fuego alto durante 4 horas. Sirve con crema agria.

Pavo con Salsa de Cebolla y Ajo

(Listo en aproximadamente 8 horas | Porciones 8)

Ingredientes

- 5 cebollas rojas grandes, en rodajas finas

- 4 dientes de ajo picados

- 1/4 taza de vino blanco seco

- 1/2 cucharadita de sal marina

- 1/4 cucharadita de pimienta negra molida

- 1/4 cucharadita de pimienta de cayena

- 4 muslos de pavo grandes, sin piel

Direcciones

1. Coloque cebollas y ajo en el fondo de su olla de barro. Vierta el vino y espolvoree con sal, pimienta negra y pimienta de cayena.

2. Agrega muslos de pavo. Cubrir; cocine a fuego lento aproximadamente 8 horas.

3. Retire los muslos de pavo de la olla de barro. Limpiar la carne de los huesos de pavo.

4. Destape la olla de barro y continúe cocinando hasta que el líquido se haya evaporado. Revuelva de vez en cuando.

5. Regrese el pavo a la olla de barro. Luego, coloque el pavo en la mezcla en la olla de barro. Atender.

Repollo de la abuela con ternera

(Listo en aproximadamente 4 horas | Porciones 4)

Ingredientes

- 1 libra de carne de res cocida, cortada en trozos pequeños

- 1 cebolla mediana, pelada y cortada en cubitos

- 1 taza de repollo picado

- 2 papas medianas, cortadas en cubitos

- 2 zanahorias, peladas y en rodajas finas

- 1 tallo de apio picado

- 1 diente de ajo pelado y picado

- 2 tazas de caldo de res

- 2 tazas de tomates enlatados, cortados en cubitos

- Sal al gusto

- 1/4 de cucharadita de pimienta negra molida

Direcciones

1. Coloca todos los ingredientes en una olla de barro; revuelve para combinar.

2. Coloque la olla de barro a fuego alto y cocine durante 1 hora. Luego, baje el fuego a bajo y cocine de 3 a 4 horas.

3. Pruebe y ajuste los condimentos; sirva caliente.

Stroganoff de carne deliciosa

(Listo en aproximadamente 4 horas 30 minutos | Porciones 4)

Ingredientes

- 1 libra de carne de res cocida, desmenuzada

- 1/2 taza de champiñones en rodajas, escurridos

- 1 cebolla picada

- 2-3 dientes de ajo, picados

- 1/2 taza de caldo de res

- 1 taza de crema de champiñones

- 2 cucharadas de vino blanco seco

- 1 taza de queso crema

- 1 hoja de laurel

- 1/2 cucharadita de salvia seca

- 1/2 cucharadita de romero seco

Direcciones

1. Coloque todos los ingredientes, excepto el queso crema, en su olla de barro. Tape y cocine a fuego lento durante 4 horas.

2. Luego, corta el queso crema en trozos pequeños; agregar a la olla de barro. Tape y cocine a fuego lento durante 1/2 hora más o hasta que el queso se derrita.

3. Sirve sobre tus fideos de huevo favoritos.

Pechuga de carne en conserva campestre

(Listo en aproximadamente 8 horas 45 minutos | Porciones 12)

Ingredientes

- 4 libras de pechuga de carne en conserva

- 2 dientes de ajo pelados y picados

- 2 cebollas picadas

- 1 taza de agua

- 1 hoja de laurel

- 1/2 taza de caldo de res

- 1 cucharada de pimentón

- 1/2 cucharadita de nuez moscada recién rallada

- 1/2 cucharadita de pimienta blanca

- Unas gotas de humo líquido

Direcciones

1. Retire el exceso de grasa de la pechuga de res. Transfiera la pechuga de res a la olla de barro.

2. Agrega los ingredientes restantes; tape y cocine por 8 horas.

3. Precaliente el horno a 350 grados F. Coloque la falda de res en una fuente para asar; asar durante 45 minutos.

4. Sirva sobre papas gratinadas, si lo desea.

Asado de vegetales en olla

(Listo en aproximadamente 8 horas | Porciones 6)

Ingredientes

- 1 libra de zanahorias

- 3 papas medianas, cortadas en cuartos

- 2 dientes de ajo pelados y picados

- 2 tallos de apio, cortados en cubitos

- 1 pimiento rojo dulce, sin semillas y cortado en cubitos

- 1 cebolla grande, picada

- 3 libras de carne asada, deshuesada

- 1 cucharadita de caldo concentrado

- 1/2 cucharadita de pimienta negra

- 1 taza de agua

- 1 taza de jugo de tomate

- 1 cucharada de salsa de soja

Direcciones

1. Coloca las verduras en tu olla de barro.

2. Corta la carne asada en porciones del tamaño de una porción. Coloque los trozos de carne asada encima de las verduras.

3. En un tazón, combine el concentrado de caldo, la pimienta negra, el agua, el jugo de tomate y la salsa de soja. Batir para combinar. Agregue esta mezcla líquida a la olla de barro.

4. Tape y cocine a fuego lento aproximadamente 8 horas.

Carne Asada con Verduras de Raíz

(Listo en aproximadamente 8 horas | Porciones 12)

Ingredientes

- 4 papas rojizas, cortadas en cuartos

- 1 taza de agua

- 4 chirivías, en cuartos

- 3 colinabos, en cuartos

- 1 cebolla en rodajas

- 1/2 taza de puerros, en rodajas

- 7 dientes de ajo, en rodajas

- 4 libras de carne asada redonda magra

- 1 concentrado de caldo de res

- 1 cucharadita de pimentón ahumado

- 1⁄2 cucharadita de pimienta negra recién molida

Direcciones

1. Simplemente coloque todos los ingredientes en su olla de barro.

2. Ponga la olla de barro a fuego lento y cocine durante 8 horas.

3. Corta la carne en porciones del tamaño de una porción y sírvela con verduras. Adorne con mostaza si lo desea.

Filete de ternera con salsa de champiñones

(Listo en aproximadamente 8 horas | Porciones 12)

Ingredientes

- 2 cebollas medianas, peladas y en rodajas

- 2 libras de filete de ternera, deshuesado

- 3 tazas de champiñones, en rodajas

- 1 taza de nabos en rodajas

- 1 frasco (12 onzas) de salsa de carne de res

- 1 sobre (1 onza) de mezcla de salsa de champiñones secos

Direcciones

1. Coloque las cebollas en el fondo de la olla de barro.

2. Quite la grasa del filete de ternera; luego corte la carne en ocho trozos.

3. Coloque la carne sobre las cebollas y luego coloque los champiñones sobre ella. Cubra con nabos en rodajas.

4. Mezcle la salsa de carne y la mezcla de salsa de champiñones.

5. Agregue esta mezcla de salsa a la olla de barro; tape y cocine a fuego lento durante 8 horas. Sirva sobre puré de papas si lo desea.

Carne de cerdo jugosa con salsa de manzana

(Listo en aproximadamente 6 horas | Porciones 8)

Ingredientes

- 1/4 taza de azúcar morena clara

- 1/4 taza de mostaza de Dijon

- 1/2 cucharadita de pimienta negra molida

- 4 libras de lomo de cerdo, sin grasa

- 1/2 taza de vino tinto seco

- 4 tazas de puré de manzana sin azúcar

- 1/2 taza de cebolletas picadas

Direcciones

1. En un tazón pequeño o una taza medidora, combine el azúcar, la mostaza y la pimienta negra. Mezclar bien para combinar.

2. Frote la mezcla de mostaza en el lomo de cerdo.

3. Coloque el lomo de cerdo en la olla de barro; agregue vino tinto, puré de manzana y cebolletas; cubrir con una tapa.

4. Cocine a fuego lento durante 6 horas. Sirve con un poco de mostaza extra.

Jamón con Piña

(Listo en aproximadamente 6 horas | Porciones 6)

Ingredientes

- 2 libras de filete de jamón

- 1 libra de bocaditos de piña enlatados, escurridos, reserve 2 cucharadas de jugo.

- 1 taza de puerros picados

- 2 dientes de ajo picados

- 3 papas grandes, cortadas en cubitos

- 1/2 taza de mermelada de naranja

- 1/4 cucharadita de pimentón

- 1/4 cucharadita de pimienta negra molida

- 1/2 cucharadita de albahaca seca

Direcciones

1. Corta el jamón en trozos pequeños. Transfiera a la olla de barro.

2. Agrega el resto de ingredientes; revuelve para combinar.

3. Tape y cocine a fuego lento durante 6 horas.

Asado de cerdo con arándanos y batatas

(Listo en aproximadamente 6 horas | Porciones 6)

Ingredientes

- 3 libras de carne de cerdo asada
- 2 tazas de arándanos en lata
- 1 cebolla mediana, pelada y cortada en cubitos
- 1/2 taza de jugo de naranja
- 2 cucharadas de vinagre de sidra de manzana
- 1/2 cucharadita de polvo de cinco especias
- Sal marina al gusto
- 1/2 cucharadita de pimienta negra molida
- 3 batatas grandes, peladas y cortadas en cuartos

Direcciones

1. Coloque la carne de cerdo en una olla de barro.

2. En una taza medidora, mezcle los arándanos, la cebolla, el jugo de naranja, el vinagre de sidra de manzana, el polvo de cinco especias, la sal y la pimienta negra; mezclar para combinar.

3. Vierta la mezcla de arándanos sobre el asado de cerdo en la olla de barro. Acomoda las papas alrededor del cerdo.

4. Cubra y cocine a fuego lento durante aproximadamente 6 horas.

5. ¡Transfiera a una fuente para servir y disfrútelo!

Salchichas con Chucrut y Cerveza

(Listo en aproximadamente 3 horas 30 minutos | Porciones 8)

Ingredientes

- 8 salchichas precocidas

- 2 cebollas grandes, en rodajas

- 2 libras de chucrut, enjuagado y escurrido

- 1 botella de cerveza (12 onzas)

Direcciones

1. Agregue las salchichas y las cebollas a una olla de barro. Cocine a fuego alto durante 30 minutos.

2. Agrega el chucrut y la cerveza; tape y cocine a fuego lento durante 3 horas.

3. Sirva con mostaza si lo desea.

Filetes de cerdo en salsa de ciruelas

(Listo en aproximadamente 6 horas | Porciones 6)

Ingredientes

- 12 ciruelas pasas, sin hueso

- 3 libras de filetes de cerdo, deshuesados

- 4 manzanas medianas, sin corazón y en cuartos

- 3/4 taza de jugo de manzana

- 3/4 taza de crema espesa

- 1 cucharadita de sal marina

- 1/4 cucharadita de pimienta recién molida

- 1 cucharada de mantequilla

Direcciones

1. Agregue todos los ingredientes a la olla de barro. Tape y cocine a fuego lento durante 6 horas o hasta que la carne se separe fácilmente.

2. Sirva sobre puré de papas.

Asado de cerdo picante con verduras

(Listo en aproximadamente 6 horas | Porciones 4)

Ingredientes

- 1 cucharada de aceite de canola
- 1 cebolla grande, en rodajas
- 1 tallo de apio picado
- 1 zanahoria grande, pelada y picada finamente
- 1 chile jalapeño, sin semillas y picado
- 1 cucharadita de ajo en polvo
- Sal al gusto
- 1/2 cucharadita de polvo de cinco especias
- 1/4 de cucharadita de pimienta negra recién molida
- 1/2 cucharadita de orégano seco
- 1/2 cucharadita de albahaca seca
- 1 paleta de cerdo (3 libras) o asado a tope
- 1 taza de caldo de verduras

Direcciones

1. Agrega el aceite de canola a la sartén de hierro fundido. Caliente el aceite de canola a fuego medio-alto y luego agregue las verduras. Saltea las verduras hasta que estén tiernas o unos 15 minutos.

2. En un tazón, combine el ajo en polvo, la sal, el polvo de cinco especias, la pimienta negra, el orégano y la albahaca; revuelva para mezclar.

3. Frote esta mezcla de especias en la carne. Agregue el asado de cerdo a la olla de barro; vierta el caldo de verduras. Tape y cocine a fuego lento durante 6 horas.

4. Tritura el cerdo con dos tenedores. Sirva la salsa sobre la carne de cerdo y sírvala tibia.

Costillas de cerdo campestre con salsa de jengibre

(Listo en aproximadamente 8 horas | Porciones 6)

Ingredientes

- 4 libras de costillas de cerdo campestre
- 1 ¼ taza de salsa de tomate
- 2 cucharadas de vinagre de arroz
- 2 cucharadas de salsa tamari
- 1/4 de cucharadita de pimienta gorda
- 1 cebolla grande, pelada y cortada en cubitos
- 1 diente de ajo pelado y picado
- 2 cucharaditas de jengibre rallado
- 1/4 de cucharadita de hojuelas de pimiento rojo triturado

Direcciones

1. Corta las costillas de cerdo en porciones individuales del tamaño de una porción.

2. Ase las costillas durante 5 minutos por cada lado o hasta que estén fragantes y doradas.

3. Para hacer la salsa: en una olla de barro, combine la salsa de tomate, el vinagre de arroz, la salsa tamari, la pimienta de Jamaica, la cebolla, el ajo, el jengibre y el pimiento rojo.

4. Coloque las costillas de cerdo en la olla de barro, cubriendo las costillas con la salsa.

5. Tape y cocine a fuego lento durante 8 horas o hasta que las costillas estén tiernas.

Asado de cerdo en cerveza

(Listo en aproximadamente 6 horas | Porciones 4)

Ingredientes

- 1 solomillo de cerdo mediano

- 2 cebollas dulces, peladas y en rodajas

- 4 papas grandes, cortadas en cuartos

- 2 tazas de zanahorias

- 1 sobre de mezcla de sopa de cebolla seca

- 1 botella de cerveza (12 onzas)

- 5-6 granos de pimienta

Direcciones

1. Coloque el solomillo de cerdo en su olla de barro. Distribuya las cebollas, las patatas y las zanahorias alrededor de la carne.

2. Espolvorea con la mezcla para sopa. Vierta la cerveza; luego agregue los granos de pimienta.

3. Tape y cocine a fuego lento durante 6 horas. Dividir en cuatro platos para servir y servir caliente.

Sopa De Pollo Picante

(Listo en aproximadamente 8 horas | Porciones 8)

Ingredientes

- 1 cuarto de caldo de pollo

- 1 libra de pechuga de pollo, deshuesada y sin piel, cortada en cubos

- 3 tazas de maíz en grano entero

- 1/2 taza de cebolla picada finamente picada

- 2 dientes de ajo picados

- 1 pimiento verde, en rodajas finas

- 1 cucharadita de chile jalapeño, picado

- 1/2 cucharadita de hojas secas de tomillo

- 1 cucharadita de romero seco

- Sal al gusto

- 1/4 de cucharadita de pimienta negra molida

- 1 taza de leche descremada al 2%

- 2 cucharadas de maicena

Direcciones

1. Combine todos los ingredientes, excepto la leche y la maicena, en una olla de barro; tape y cocine a fuego lento aproximadamente 8 horas.

2. Encienda el fuego a alto, agregue la leche y la maicena combinados y cocine 5 minutos adicionales, revolviendo constantemente.

3. Ajuste los condimentos y sirva con sus picatostes de ajo favoritos.

Sopa De Pollo Caliente Con Espinacas

(Listo en aproximadamente 5 horas | Porciones 4)

Ingredientes

- 1 taza de caldo de pollo

- 1 ½ taza de tomates enlatados, cortados en cubitos

- 1 ½ taza de garbanzos, enjuagados y escurridos

- 12 onzas de pechuga de pollo, deshuesada, sin piel y en cubos

- 1 cebolla dulce mediana, picada

- 2 batatas, cortadas en cubitos

- 2 tazas de espinacas empacadas

- Sal al gusto

- 1/4 cucharadita de pimienta negra

- 1/2 cucharadita de chile en polvo

Direcciones

1. Combine todos los ingredientes, excepto las espinacas, en la olla de barro; tape y cocine a fuego alto durante aproximadamente 5 horas,

2. Agrega las espinacas; ajustar los condimentos.

3. Dividir en tazones de sopa y servir.

Sopa De Camarones Con Aguacate

(Listo en aproximadamente 5 horas | Porciones 4)

Ingredientes

- 2 tazas de agua

- 1 sobre de mezcla de sopa de cebolla seca

- 1 cebolla morada picada

- 1 tomate ciruela, picado

- 3/4 de cucharadita de polvo de cinco especias

- 1⁄8 de cucharadita de semillas de apio

- 1⁄2 taza de arroz de grano largo

- 1 ½ tazas de camarones, pelados y cortados por la mitad transversalmente

- 1 aguacate en cubos

- Jugo de 1 lima fresca

- Sal al gusto

- 1/2 cucharadita de pimentón

- 1/2 cucharadita de pimienta negra molida

Direcciones

1. En una olla de barro, combine el agua, la mezcla para sopa de cebolla, la cebolla, el tomate, el polvo de cinco especias y las semillas de apio; tape y cocine a fuego alto durante 5 horas.

2. Agregue arroz de grano largo durante las últimas 2 horas de tiempo de cocción; agregue los camarones durante los últimos 20 minutos.

3. Agrega el resto de los ingredientes. Sirva la sopa en tazones y sírvala caliente.

Sopa De Camarones Con Maíz Y Papa

(Listo en aproximadamente 5 horas | Porciones 4)

Ingredientes

- 2 tazas de maíz en grano entero
- 1 taza de agua
- 2 tazas de caldo de pollo
- 1 lata (8 onzas) de salsa de tomate
- 1 cebolla dulce grande, picada
- 2 dientes de ajo picados
- 3 papas Yukon medianas, cortadas en cubitos
- 1 pimiento rojo dulce, en rodajas
- 1/4 taza de jerez seco, opcional
- 3/4 de cucharadita de polvo de cinco especias
- 1/4 de cucharadita de mostaza seca
- 1/4 cucharadita de semillas de alcaravea molidas
- Unas gotas de salsa Tabasco
- 1/2 taza de leche entera
- 1 ½ tazas de camarones, pelados y desvenados
- Sal al gusto
- Pimienta negra al gusto

Direcciones

1. Combine todos los ingredientes, excepto los camarones y la leche, en su olla de barro.

2. Tape y cocine a fuego alto durante aproximadamente 5 horas, agregando leche y camarones durante los últimos 20 minutos.

3. Sirva en cuatro tazones de sopa y disfrute.

Costillas de cerdo picantes

(Listo en aproximadamente 8 horas | Porciones 8)

Ingredientes

- 4 libras de costillas de cerdo magras

- 1 pimiento rojo cortado en rodajas

- 1 taza de cebolletas picadas

- 1⁄2 taza de salsa de ajo y chile

- 2 cucharadas de azúcar morena

- 1/4 taza de vinagre de arroz

- 1 cucharada de vino tinto seco

Direcciones

1. Coloque las costillas de cerdo en su olla de barro. Coloque rodajas de pimiento morrón alrededor de las costillas de cerdo.

2. En un tazón, combine los ingredientes restantes; batir bien para combinar.

3. Vierta esta mezcla sobre las costillas. Cocine tapado durante 8 horas.

4. Coloque las costillas de cerdo en una fuente para servir. Vierta la salsa en un tazón pequeño para servir; drenar la grasa. Atender.

Costillas de cerdo en salsa dulce

(Listo en aproximadamente 8 horas | Porciones 4)

Ingredientes

- 3 libras de costillas de cerdo

- 1 cebolla mediana, cortada en cubitos

- 3 dientes de ajo picados

- 1/2 taza de sirope de arce

- 2 cucharadas de salsa tamari

- 3/4 de cucharadita de polvo de cinco especias

- 1/2 cucharadita de jengibre molido

- 1/4 cucharadita de pimentón

- 1/2 cucharadita de romero seco

- Sal marina al gusto

- 1/4 de cucharadita de pimienta negra recién molida

Direcciones

1. Coloca las costillas de cerdo y la cebolla en el fondo de la olla de barro.

2. A continuación, agregue los ingredientes restantes.

3. Tape y cocine a fuego lento durante 8 horas o hasta que la carne de cerdo esté lo suficientemente tierna como para desprenderse del hueso.

Cerdo picante con tocino canadiense

(Listo en aproximadamente 6 horas | Porciones 4)

Ingredientes

- 2 rebanadas de tocino canadiense

- 1 libra de paleta de cerdo, deshuesada y sin grasa

- 1 taza de puerros picados

- 2 dientes de ajo picados

- 1 taza de caldo de pollo

- 2 tazas de tomates enlatados, cortados en cubitos

- 1 ½ tazas de frijoles enlatados, enjuagados y escurridos

- 2 tallos de apio, en rodajas finas

- 3/4 cucharadita de mezcla de condimentos italianos

- 1/2 cucharadita de tomillo seco

- Sal al gusto

- Pimienta negra recién molida al gusto

Direcciones

1. Corta el tocino en trozos pequeños. Luego, fríe el tocino en una sartén antiadherente a fuego medio-alto; freír durante 2 minutos o hasta que el tocino comience a perder su grasa. Transfiera a su olla de barro.

2. Agrega el resto de ingredientes

3. Tape y cocine a fuego lento durante 6 horas o hasta que la paleta de cerdo esté tierna.

Cerdo suave y picante de mamá

(Listo en aproximadamente 6 horas | Porciones 4)

Ingredientes

- 1 cucharadita de aceite de oliva

- 3 libras de lomo de cerdo

- 1 taza de cebolletas picadas

- 4 dientes de ajo picados

- 1 taza de agua

- 1/2 taza de vino tinto seco

- 1 sobre de mezcla de sopa de cebolla seca

- 1/4 taza de jugo de naranja

- 1 cucharada de comino molido

- 1 cucharadita de pimienta de cayena molida

Direcciones

1. Calentar el aceite en una sartén pesada. Luego, cocine la carne de cerdo de 1 a 2 minutos por cada lado. Transfiera a la olla de barro.

2. A continuación, vierte los ingredientes restantes sobre la carne de cerdo. Cubra con una tapa y cocine a fuego lento durante 6 horas.

3. Sirva sobre puré de papas.

Cerdo al estilo asiático

(Listo en aproximadamente 9 horas | Porciones 6)

Ingredientes

- 2 libras de lomo de cerdo deshuesado

- 1/4 taza de vino blanco seco

- 4 dientes de ajo

- 1 taza de agua

- 1 cucharadita de miel

- 3/4 de cucharadita de polvo de cinco especias

- 2 cucharadas de salsa de soja oscura

- 3 anís estrellado entero

- Sal al gusto

Direcciones

1. Caliente una sartén antiadherente a fuego medio-alto. Cocine rápidamente la carne de cerdo por ambos lados. Transfiera a la olla de barro.

2. Agrega el resto de ingredientes. Revuelva suavemente para cubrir la carne de cerdo. Cocine a fuego lento durante 8 a 9 horas.

3. Desechar el anís estrellado y servir tibio.

Cerdo Glaseado Festivo

(Listo en aproximadamente 8 horas | Porciones 4)

Ingredientes

- 1/4 taza de cerezas secas

- 2⁄3 taza de agua

- 2 cucharadas de vino blanco seco

- 1/4 cucharadita de pimienta negra molida

- 1/4 cucharadita de sal

- 1⁄8 de cucharadita de nuez moscada molida

- 1¼ libras de lomo de cerdo

Direcciones

1. En un tazón pequeño o una taza medidora, bata las cerezas secas, el agua, el vino, la pimienta, la sal y la nuez moscada.

2. Coloque el lomo de cerdo en una olla de barro. A continuación, vierte el glaseado sobre la carne.

3. Cocine a fuego lento durante 8 horas. Sirva caliente.

Pastel de carne a la antigua

(Listo en aproximadamente 7 horas | Porciones 8)

Ingredientes

- 2 libras de carne de res y cerdo molida mixta

- 1 huevo

- 1 taza de caldo de res

- Sal al gusto

- 1/2 cucharadita de pimienta negra

- 2 tazas de picatostes sazonados triturados

- 1 ½ tazas de salsa de tomate

- 2 cucharadas de salsa Worcestershire

- 1 cucharada de vinagre balsámico

Direcciones

1. En un tazón grande, combine la carne molida, el huevo, el caldo de res, la sal, la pimienta negra y los crutones. Mezclar bien para combinar; luego, forme una hogaza.

2. Coloque el pastel de carne en la olla de barro.

3. En un tazón aparte, bata la salsa de tomate, la salsa Worcestershire y el vinagre balsámico. Vierta esta mezcla sobre el pastel de carne.

4. Tape y cocine a fuego lento durante 7 horas.

Pastel de carne picante fácil

(Listo en aproximadamente 8 horas | Porciones 8)

Ingredientes

- 1 ½ libra de carne de res molida magra y carne de cerdo molida magra, mezclada

- 1 cucharadita de sal

- 1/4 cucharadita de pimienta de cayena

- Pimienta negra molida al gusto

- 1 cebolla finamente picada

- 1 tallo de apio, finamente picado

- 2 zanahorias medianas, ralladas

- 1 huevo grande

- 1 taza de pasta de tomate

- 1/2 taza de avena de cocción rápida

- 1/2 taza de galletas saladas, desmenuzadas

- Aceite en aerosol antiadherente

- 1/3 taza de salsa de tomate

- 1 cucharada de mostaza

Direcciones

1. En un tazón grande para mezclar, coloque la carne, la sal, la pimienta de cayena, la pimienta negra, la cebolla, el apio, las zanahorias, el huevo, la pasta de tomate, la avena y las galletas desmenuzadas. Mezclar bien para combinar. Formar el pastel de carne y reservar.

2. Trate la olla de barro con aceite en aerosol antiadherente. Coloque el pastel de carne en la olla de barro.

3. En otro tazón, mezcle la salsa de tomate y la mostaza; esparce esta mezcla sobre la parte superior del pastel de carne.

4. Tape y cocine a fuego lento durante 7 a 8 horas, hasta que el pastel de carne esté bien cocido.

5. Deje reposar el pastel de carne durante 30 minutos antes de cortarlo y servirlo.

Salmón Escalfado Con Cebolla

(Listo en aproximadamente 1 hora | Porciones 4)

Ingredientes

- 2 cucharadas de mantequilla derretida

- 1 cebolla pequeña, en rodajas finas

- 1 taza de agua

- 1/2 taza de caldo de pollo

- 4 filetes de salmón (6 onzas)

- 1 cucharada de jugo de limón fresco

- 1 ramita de eneldo fresco

- Sal marina, al gusto

- Pimienta negra molida al gusto

- 1 limón, cortado en cuartos, como guarnición

Direcciones

1. Engrase el interior de la olla de barro con mantequilla.

2. Coloque las rodajas de cebolla en la olla de barro; vierta agua y caldo de pollo. Coloque la olla de barro a fuego alto y cocine durante unos 30 minutos.

3. Coloque los filetes de salmón sobre la cebolla cocida. Agregue jugo de limón y eneldo fresco. Tape y cocine a fuego alto 30 minutos más, hasta que el salmón esté opaco. Sazone con sal y pimienta negro.

4. ¡Decora con limón y disfruta!

Domingo Cangrejo Supremo

(Listo en aproximadamente 2 horas 30 minutos | Porciones 8)

Ingredientes

- 2 tazas de crema agria

- 2 tazas de mayonesa

- 1/4 taza de jerez seco

- 2 cucharadas de jugo de limón fresco

- 1/4 taza de cilantro fresco, picado

- 2 cucharadas colmadas de perejil, picado

- 2 libras de carne de cangrejo

- 1/2 cucharadita de albahaca seca

- 1 cucharadita de romero seco

- Sal al gusto

- Pimienta negra molida, al gusto

Direcciones

1. Pon los primeros cuatro ingredientes en tu olla de barro. Batir para mezclar; cocine a fuego lento durante 2 horas.

2. Agregue los ingredientes restantes. Tape y cocine a fuego lento hasta que la carne de cangrejo esté bien caliente o unos 30 minutos.

3. Sirva con papas hervidas, si lo desea.

Rica sopa de tomate y camarones

(Listo en aproximadamente 5 horas | Porciones 6)

Ingredientes

- 3 tazas de maíz en grano entero

- 1 taza de jugo de tomate

- 2 tazas de caldo de pollo

- 1 taza de jugo de almejas

- 2 papas rojas grandes, peladas y cortadas en cubitos

- 1 taza de cebolla morada picada

- 1 pimiento verde picado

- 2 dientes de ajo picados

- 1⁄4 taza de jerez seco, opcional

- 1 cucharadita de albahaca seca

- 1/2 cucharadita de orégano seco

- 1⁄4 de cucharadita de chile en polvo

- Sal al gusto

- 1/2 cucharadita de pimienta negra molida

- 1 ½ tazas de camarones cocidos a la mitad, pelados y desvenados

- 1⁄2 taza de leche entera

Direcciones

1. Coloque todos los ingredientes en su olla de barro, excepto los camarones y la leche.

2. Cubra con una tapa adecuada y cocine a fuego alto de 4 a 5 horas, agregando camarones y leche durante los últimos 15 minutos de tiempo de cocción.

3. Ajuste los condimentos según sus gustos y sirva.

Sopa De Camarones, Frijoles Y Maíz

(Listo en aproximadamente 4 horas | Porciones 8)

Ingredientes

- 1 ½ tazas de caldo de pollo

- 2 tazas de maíz

- 2 latas (15 ½ onzas) de frijoles Great Northern, enjuagados y escurridos

- 1⁄4 taza de cebolletas picadas

- 1/4 cucharadita de semillas de alcaravea, molidas

- 1⁄4 de cucharadita de mostaza seca

- 1 taza de leche descremada al 2%

- 2 cucharadas de maicena

- Sal al gusto

- 1/2 cucharadita de hojuelas de pimiento rojo triturado

- 1/2 cucharadita de romero seco

- 1 ½ libras de camarones, pelados y desvenados

Direcciones

1. En su olla de barro, combine el caldo, el maíz, los frijoles, las cebolletas, las semillas de alcaravea y la mostaza.

2. Cocine a fuego alto aproximadamente 4 horas.

3. En un tazón mediano, mezcle la leche, la maicena, la sal, el pimiento rojo y el romero.

4. Agregue la mezcla de leche y los camarones a la olla de barro durante los últimos 20 minutos de tiempo de cocción.

5. Adorne con rodajas de limón y espolvoree con algunas hojuelas de pimiento rojo extra, si lo desea. ¡Disfrutar!

Delicia de mariscos de verano

(Listo en aproximadamente 4 horas | Porciones 8)

Ingredientes

- 1 taza de caldo de pescado
- 1/2 taza de agua
- 1 ½ taza de tomates, sin escurrir y cortados en cubitos
- 2 papas Yukon gold grandes, cortadas en cubitos
- 1 taza de cebolletas picadas
- 1 cucharadita de ajo en polvo
- 1/2 cucharadita de cebolla en polvo
- 1/2 cucharadita de tomillo seco
- 1 cucharadita de hojas secas de estragón
- 1/2 cucharadita de pimienta de cayena
- 1 taza de cola de langosta, cocida y cortada en trozos pequeños
- 1/2 taza de camarones pequeños, pelados y desvenados
- 1 taza de leche entera
- Sal al gusto
- Pimienta negra al gusto
- Pimentón al gusto
- Cilantro fresco, como guarnición

Direcciones

1. Vierta caldo de pescado y agua en su olla de barro. Luego, agregue los tomates, las papas, la cebolla en polvo, el ajo en polvo, el tomillo, el estragón y la pimienta de cayena.

2. A continuación, cubra y cocine a fuego lento 4 horas.

3. Agregue los ingredientes restantes, excepto el cilantro, durante los últimos 10 minutos de tiempo de cocción.

4. ¡Espolvorea con cilantro fresco picado y disfruta de tu sopa de verano!

Sopa De Bogavante Con Verduras

(Listo en aproximadamente 4 horas | Porciones 8)

Ingredientes

- 1/2 taza de agua

- 1 taza de jugo de almejas

- 1/2 taza de tomates ciruela, cortados en cubitos

- 1/2 taza de jugo de tomate

- 1 zanahoria grande, picada

- 1 tallo de apio picado

- 1 taza de cebolletas picadas

- 1 cucharadita de ajo en polvo

- 1/2 cucharadita de mezcla de condimentos italianos

- 1/4 cucharadita de Chile Ancho, molido

- 1 cucharadita de hojas secas de estragón

- 1 taza de carne de langosta, cocida y cortada en trozos pequeños

- 1/2 taza de camarones pequeños, pelados y desvenados

- 1 taza de leche entera

- Sal al gusto

- Pimienta negra al gusto

- Perejil fresco, como guarnición

• Rodajas de limón, como guarnición

Direcciones

1. Combine agua, jugo de almejas, tomates, jugo de tomate, zanahoria, apio, cebolletas, ajo en polvo, mezcla de condimentos italianos, Chile Ancho y hojas de estragón en una olla de barro.

2. Ponga la olla de barro a fuego lento y cocine su sopa durante aproximadamente 4 horas.

3. Agrega los ingredientes restantes, excepto el perejil y las rodajas de limón; cocine 10 minutos más.

4. Sirva adornado con perejil fresco y rodajas de limón.

Deliciosa sopa de vieiras y patatas

(Listo en aproximadamente 4 horas | Porciones 4)

Ingredientes

- 1 taza de jugo de almejas

- 1/2 taza de agua

- 1⁄2 taza de vino blanco seco

- 2 papas rojas grandes, peladas y cortadas en cubos

- 1 diente de ajo picado

- 1 libra de vieiras

- 1⁄2 taza de leche (2% de grasa reducida)

- 1/2 cucharadita de comino

- Sal al gusto

- Hojuelas de pimiento rojo, como guarnición

Direcciones

1. Ponga los primeros cinco ingredientes en una olla de barro; luego, cubra y cocine a fuego alto de 3 a 4 horas.

2. Procese esta mezcla en una licuadora hasta que quede suave y cremosa; Regrese a la olla de barro.

3. Agregue el resto de los ingredientes, excepto las hojuelas de pimiento rojo. Tape y cocine a fuego alto hasta que las vieiras estén bien cocidas o unos 10 minutos.

4. Dividir en tazones de sopa, espolvorear con hojuelas de pimiento rojo y servir caliente.

Sopa De Mariscos Al Estilo Italiano

(Listo en aproximadamente 4 horas | Porciones 8)

Ingredientes

- 1 taza de tomates cortados en cubitos

- ½ taza de jugo de tomate fresco

- 1 taza de caldo de pescado

- 2 papas medianas, cortadas en cubitos

- 1/2 taza de pimiento rojo dulce, picado

- 1 cebolla amarilla picada

- 1/2 taza de vino blanco seco

- 1 cucharadita de condimento italiano seco

- 1 taza de eglefino en cubos

- 1/2 taza de vieiras de laurel

- 1 cucharadita de salsa picante

- Sal al gusto

- Pimienta negra al gusto

- Crema agria, como guarnición

Direcciones

1. Combine los tomates con jugo de tomate, caldo de pescado, papas, pimiento morrón, cebolla, vino blanco y condimentos italianos.

2. Tape y cocine a fuego alto aproximadamente 4 horas, agregando eglefino y vieiras durante los últimos 20 minutos de tiempo de cocción.

3. Agregue la salsa, la sal y la pimienta negra. Sirve con una cucharada de crema agria.

Sopa De Salmón Con Verduras De Raíz

(Listo en aproximadamente 6 horas | Porciones 4)

Ingredientes

- 3 tazas de papas, peladas y en cubos
- 2 zanahorias medianas, en rodajas finas
- 1/2 taza de cebolletas picadas
- 1 taza de nabos picados
- 1/2 taza de colinabo
- 1 taza de agua
- 2 tazas de jugo de almejas
- 1/2 cucharadita de mostaza seca
- 1/2 cucharadita de hojas secas de mejorana
- 1 cucharadita de semillas de apio
- 500 g de filetes de salmón, cortados en trozos pequeños
- 1 taza de leche
- 2 cucharadas de maicena
- Sal al gusto
- Pimienta negra al gusto

Direcciones

1. En una olla de barro, combine las papas, zanahorias, cebolletas, nabos, colinabos, agua, jugo de almejas, mostaza seca, mejorana y semillas de apio.

2. Tape y cocine a fuego alto durante 6 horas.

3. Haga puré la sopa en un procesador de alimentos o una licuadora hasta que quede suave y uniforme; Regrese a la olla de barro. Agregue el salmón y cocine 15 minutos más.

4. A continuación, agregue la leche y la maicena combinadas, revolviendo con frecuencia durante unos 3 minutos. Sazone con sal y pimienta negro. ¡Disfrutar!

Salmón con Maíz y Pimiento Asado

(Listo en aproximadamente 5 horas | Porciones 4)

Ingredientes

- 1 taza de caldo de pollo reducido en sodio

- 1 taza de maíz en grano entero

- 1 taza de garbanzos

- 2 papas medianas, peladas y en cubos

- 1 pimiento rojo asado, picado

- 1 pimiento amarillo asado, picado

- 2 cucharaditas de ajo picado

- 1/2 cucharadita de Chile Ancho, molido

- 1/2 cucharadita de semillas de fenogreco, molidas

- 1 cucharadita de semillas de comino

- 1 cucharadita de hojas secas de orégano

- 1 ½ taza de filetes de salmón, en cubos

- Sal al gusto

- Pimienta blanca al gusto

Direcciones

1. Combine todos los ingredientes, excepto el salmón, la sal y la pimienta blanca, en una olla de barro; tapa y cocina a fuego alto de 4 a 5 horas

2. A continuación, agregue el salmón durante los últimos 15 minutos de tiempo de cocción. Sazonar con sal y pimienta blanca.

9 781804 501573